続々 税理士のための百箇条

―実務と判断の指針―

税理士・公認会計士・弁護士
関根　稔［著］

財経詳報社

はじめに

『資産税コンサル、一生道半ば』（本郷尚著　清文社）に収録された本郷尚氏との対談で、私は次のように語りました。

「ひとつ付け加えると、若い税理士さんはやはり知識を学ばなければなりません。本の知識だけでなく、現場からどれだけの知識を吸収するかが大事です。他人の人生を、これほど深く幅広く知ることができる仕事はほかにありません。人生の深みも人生の起承転結も知ることができる。そういう意識をもって観察していると『人生は必然性だ』ということが分かります。だから、自分の必然性がどういう将来をつくり出すかを学習するために、人の必然性をしっかりと観るべきです。ほかの人の人生を観て、自分の人生を考え抜いてこそ、お客様の人生にもアドバイスできるようになるのだと思います」

商業高校の卒業を迎えた18歳の頃、市役所に勤めるか、民間会社に勤めるか、会計事務所に勤めるか、それが私の職業の選択だったのですが、いまふり返ってみると、税理士を目指して会計事務所に勤めた18歳の決断は人生の選択だったのだと思います。

18歳の決断が、その後の人生の必然性を作り出したのか、あるいは、いま遡って、全ては必然性の結果だったと考えるのか。いずれにしても、私には、これ以外の必然性は存在しなかったように思います。人生の必然性が見えれば、自ずから決断の方向は見えてきますし、判断を間違えることもないはずです。

この考え方を200項目について拾い上げたのが『税理士のための百箇条』『続・税理士のための百箇条』の2冊ですが、さらに進歩したネットの時代、AIの時代、高齢化の時代に、どのようなスタイルで税理士事務所を経営し、自分の人生を構築すべきか。2冊の書籍の続編に位置するのが本書です。

「税理士新聞」に連載してきた連載に幾つかの新しい項目を追加して完成しました。

平成31年1月

税理士・公認会計士・弁護士　関根　稔

目次

続々　税理士のための百箇条

―実務と判断の指針―

第1　貸方が語る

脱サラし、資産10億円で、家賃7000万円。

新聞紙面で見かけた広告で、まさに、うらやましい存在だ。

しかし、次の場合はどうだろう。

家賃7000万円、借金10億円。

勘弁してほしいと言いたくなる資産状況だ。

貸方のない借方は存在しない。借方に10億円の資産があれば、貸方には10億円の負債があるのだろう。あるいは貸方は純資産かもしれない。しかし、純資産は、当然のことながら税金を納めなければ蓄えられない。日本の所得税法では、おいそれとは10億円の資産を蓄えることはできないのだ。

昭和の時代なら、所得税を負担せずに資産を蓄えることが可能だった。地価は毎年値上がりし、借方（資産価値）は無税で増え続けた。しかし、地価上昇が止まった平成の時代、所得税を負担せずに借方（資産価値）を増やすことは不可能だ。逆に、デフレで資産価値が目減りしてしまう時代だ。さて、私には、借金10億円を背負う度胸があるだろうか。

借方と貸方の理論、これは賃貸業に限らず、社会の多様な現象を分析するのに役立つ税理士の視点だ。大きな事業を起ち上げ、時代の寵児としてもてはやされる人達。私達の業界であれば、事務所を大きく成長させ、多数の職員を雇用する人達だ。それが借方だとすれば、当然、貸方が存在する。どのような貸方だろうか。

多数の顧問先を抱えれば、その数に比例したミスが発生し、顧問先からのクレームも多くなる。多数の従業員を抱えれば、その数に応じた人生を抱えなければならない。借方に見える数だけ、貸方に荷物を背負うことになる。

それら貸方の荷物に耐えられるだろうか。いや、それに耐えられる人達が、事業を起ち上げ、マスコミの寵児になり、大きな事務所を構え、多数の従業員を雇用する税理士事務所を作り上げる。貸方こそが、それを造り上げる経営者としての器量を示す。自分にはない器量を持つ人達をやっかんでも仕方がない。

しかし、本当に必要なのは貸方に存在する純資産だろう。さて、大きな借方を持つ人達が潤沢な純資産を持つだろうか。大きな借方は、多額の純資産を獲得するのに役立つのだろうか。潤沢な純資産を持てば、おそらく、それは立派な住まいとして実現されているだろう。

しかし、我が業界で邸宅に住む同業者を見つけるのは容易ではない。

しょせん、気が小さいが故の資格商売。借方を競うなど無駄なことだと思う。必要なのは平穏な生活という純資産だ。誰でもが居心地の良い規模の事務所を造り上げる。

それこそが贅沢な純資産だろう。

第2　若手へのアドバイス

出席者に若手が多いと思ったら、新入会員の歓迎を兼ねた講演会だった。さて、若手に、何とアドバイスをするか。若い人達には、若い人達に向けたアドバイスがあるだろう。

私がアドバイスするとしたら次のような視点だろうか。

①常に、熱中するモノを持ちなさい。②物事の本質を追求しなさい。③自分の無知を怖れなさい。④非常識を語りなさい。⑤今日、1つ、発見しなさい。⑥違和感を大切にしなさい。⑦正義を主張しなさい。⑧権威を否定しなさい。⑨知恵を求めなさい。⑩カネは結果だと考えなさい。⑪自分の価値観に拘りなさい。⑫常に完璧を求めなさい。⑬自分の原理原則を守りなさい。そして、⑭常に「なぜ」と問い続けなさい。

この業界で20年、30年のベテランであれば、この言葉だけで理解してもらえると思う。しかし、受験勉強を終え、初めて自分の責任で実務を担当する人達は、税理士業務を「申告書を作成する仕事」と認識しているかもしれない。しかし、仮に、申告書を作成するだけであったとしても、誰が申告書を作成するかによって結論は異なるのだ。

さて、①～⑭の幾つかについて説明すれば、まず、非常識を語ることだ（④）。誰でも、自分自身の常識を語っている。しかし、それが正しい常識なのか、非常識と比較して検証しなければ分からない。

これは税法知識の習得にも必要な視点だ。税理士業界には権威者の解説に頼らざるを得ない難解な制度が存在する。しかし、それを丸呑みせず、そこで立ち止まり、権威を否定し（⑧）、異なる視点で考えてみる。それが非常識を語ることだ。知識は、非常識を語ることによって、立法趣旨や、その制度の射程距離が見えてくる。

物事の本質を求め、自分の価値観に拘り、常に完璧を求め、自分の原理原則に拘ることも重要だ（②、⑪、⑫、⑬）。ネットを検索すれば答は努力をせずに見つけられる。しかし、バラバラの答は、トランプの神経衰弱と同様に、バラバラの知識でしかない。常に「なぜ」と問い続け（⑭）、各々のピースに分かれた知識を拾い集めて1つの絵を描き出すジグソーパズルのように知識を体系化しておけば、他の事例に応用できるし、何よりも、自分の生き方に体系化した知識を生かすことができる。

そのために必要なのが、違和感に拘ることだ（⑥）。自分の中に完成しつつある知識体系が、違和感センサーとして、ネットで検索したピース一片の知識にアラームを鳴らす。ふと感じた違和感を無視したツケを支払うことになった先輩諸氏は多いはずだ。いや、14個のキーワードで語れるほどには人生は簡単ではない。必要なのは、常に自分の無知を怖れる謙虚さ（③）なのだ。

第3　余剰価値を作り出す

余剰価値を作り出すシステムか、搾取するシステムを作らないと、ビジネスモデルは成り立たないと思う。仮に、これらのシステムを利用せず、自分自身の働きで今日の稼ぎを作り出そうとしても、1人の労働で稼ぎ出せる金額には限度がある。仮に、一人親方の大工の稼ぎであり、車を持ち込むトラック運転手の稼ぎだ。

生活するには足りる稼ぎだが、それを超える余剰の稼ぎを得ることは難しい。彼らの労働は、代替性のある労働なのだから、市場は、余剰利得を確保できるほどの対価を支払わない。

それ以上の稼ぎを得ようとすれば、余剰価値を作り出すシステムを構築するか、搾取するシステムを構築しなければならない。

東京大学大学院教授の伊藤元重氏の分類によれば、社会には次の3つの働き方が存在するそうだ。

①余剰価値のシステムを構築した人達が、プレイヤーとして働く。

②搾取するシステムに組み込まれた人達が、レイバー（骨の折れるつらい肉体的労働者）として働かされる。

③それ以外の人達が、今日の稼ぎを作り出すワーカー（努力して行う肉体的、精神的な仕事）として働く。

誰でも、日々、働いている。

ただ、他人の仕事を実際に経験することができないので、誰もが、ほかの人達も、自分と同じように働いていると納得して生活する。しかし、働き方には、このような3つの種類があるのだ。

仮に、監査法人は搾取するシステムで成り立つように思う。多数の人員をタイムチャージで働かせ、その働きから搾取することでパートナーの稼ぎが確保される。チェーン展開する飲食店やコンビニも、数多くの出店と、そこで働く多数の人達から搾取することによって企業の利得が確保される。多額の収益を獲得しようとすれば規模の拡大が必要だ。これら商売が規模の拡大を目指してきたことは必然なのだ。そして搾取するシステムを徹底すればブラック企業型のビジネスモデルが完成する。

しかし、これらは昭和の時代のビジネスモデルだ。いま、余剰価値を作り出すシステムを構築する企業が登場し、そこではワーカーを超えたプレイヤーとしての作業が可能になる。仮に、Google など独自性を持つビジネスモデルを作り上げた企業の豊かさは余剰価値にあるのだと思う。

ネットの時代には搾取するシステム、つまり、規模の拡大だけが企業の目標ではない。

余剰価値を作り出すシステムの構築こそが、ゆとりのあるクリエイティブなプレイヤーを作り出す。

知識で仕事をしていると自惚れているのが資格商売の人達だ。レイバー、あるいはワーカーとして働いているのでは哀しい。プレイヤーとしての自分を夢見るのも必要なことだと思う。

第4　税理士100人より怖い

弁護士の仕事ぶりを見た幾つかの経験をもって、弁護士を知ったような気になり、弁護士を甘く見る税理士がいる。しかし、弁護士は、税理士100人よりも怖いのだ。

司法試験が難しいからではない。

おそらく、いまの司法試験は、税理士試験5科目の合格よりも簡単だろう。

旧司法試験の時代だが、私自身、大学3年の期末試験を終えた2月に受験勉強を開始し、翌年5月の短答式試験、7月の論文試験、9月の口述試験に合格してきた。つまり、20ヶ月間の受験勉強で司法試験に合格したのだが、20ヶ月で税理士試験5科目の受験勉強を終えられるとは思えない。仮に、日商簿記1級レベルを1年で達成できたら凄いことで、法人税法、所得税、相続税について合格レベルに達するには、各々の科目について最低でも6ヶ月を要すると思う。

一度に7科目に合格する司法試験と、1科目ずつの受験が認められる税理士試験では、最終合格は税理士試験の方が楽だとしても、1科目ずつの難易度は、税理士試験の方が圧倒的に難しい。まして、4人に1人が合格する新司法試験など怖れる必要もない。

しかし、ここで言いたいのは試験の難しさの比較ではない。

怖れるべきは、司法試験に合格してからの弁護士としての訓練だ。

他人の弱点を探し、相手の欠点を探す。

それが弁護士の日常的な訓練なのだ。

法廷では自分が正しいと主張するだけでは勝てない。そのような主張に加えて、相手方の法律上の弱点を探し、相手方の主張の欠点を指摘しなければならない。それによって自己の正当性を証明する。それが訴訟活動だ。

弁護士は依頼者に雇われた傭兵なのだから、弁護士の視点には「公平」も「正義」も存在しない。依頼者の勝訴こそが傭兵の使命であり、依頼者の利益に反する事実は、仮に、それが正義だったとしても隠蔽される。紛争が生じれば、そこに登場するのは法律という武器であり、要件事実、立証責任、書証の成立という裁判所における共通言語の世界だ。草原で牧草を食む羊達に、このような武器を持ったオオカミと戦う力はないはずだ。

他人の財産を管理し、多様なアドバイスをする税理士は、常に、自分自身が事件に巻き込まれる危険と隣り合わせだ。そして、多くの税理士には、それを解決した経験があるだろう。しかし、それは弁護士が登場するまでだ。

弁護士が登場すれば、税理士が口にする一つ一つの言葉が、自分の弱点を証明してしまう。弁護士の悪意は税理士には見えないだろう。弁護士が登場した後にも、子羊達の会話で事柄が解決できると考えていたら、それは世間知らずと批判されても仕方がない。

第５　種類株式で節税する

Ａ社の節税スキームを紹介しよう。Ａ社には３名の株主がいて、その３名が取締役に就任している。そしてＡ社が発行する株式の全てには「当社は取締役の地位にある者のみが議決権を有する」という人的種類株式の定めがある。

仮に、株主の１名に相続が発生すれば、当然、株式は相続人が承継するが、相続人は取締役の地位にない。つまり議決権のない株式を取得するのだ。相続税は、遺産取得者課税なので、株式は相続人の立場で評価される。財産評価基準の同族判定は、株数ではなく、議決権基準だ。だから、相続した株式には財産評価基本通達１８８（同族株主以外の株主等が取得した株式）が適用され、配当還元価額によって評価される。これがＡ社の節税スキームだ。

株式を取得した相続人は、その後、取締役に就任するが、それは相続後の事情なので、相続株式の評価には影響を与えない。

Ｂ社の節税スキームを紹介しよう。１株を除いて無議決権株式に変更し、議決権を有する１株だけを一般社団法人に割り当てる。一般社団法人には出資者は存在せず、同族関係者には含まれない。したがって、無議決権株式を所有する人達に相続が開始しても、同族関係者の誰もが議決権を持たず、相続株式には配当還元価額が採用される。これがB社の節税スキームだ。

C社の節税スキームを紹介しよう。C社の株式には取得条項が付されており、株主の死亡が取得原因とされ、取得価額は、その株式の出資額相当とされている。相続が開始しても株主が取得するのは、出資額相当の株式譲渡代金のみに限られる。

D社の節税スキームを紹介しよう。D社のオーナーは、剰余金の配当、残余財産の分配、議決権について千倍の権利を持つ優先株式1株を所有し、その他の株式は、非参加型配当優先、無議決権株式として従業員持株会が所有する。オーナーが死亡しても相続税の課税対象になるのは1株の株式だ。

E社の節税スキームを紹介しよう。E社のオーナーは1株の黄金株式を所有し、その黄金株式には「株主総会決議及び取締役会決議事項の全てについて拒否権を持つ」と定めてある。

もちろん、これらは架空の設例だ。種類株式を利用すれば相続税をゼロにすることなど容易だ。しかし、株式の種類は、全株主の同意があればいつでも元に戻せてしまう。つまり、種類株式を利用すればあらゆる節税が可能になるからこそ、種類株式を利用した節税策は認められない。相続税との関係では、そのように位置付けるべきが種類株式なのだろう。

第6　反権力という人達

　税理士は権力を意識せずに済む職業だが、弁護士は常に権力を意識する。他人の人生を決める権力を持つ裁判官を相手に、依頼者に有利な判断をしてもらうよう裁判官におもねる。いや、主張する。カネを支払え、離婚しろ、刑務所に入れ、死刑だと、裁判官は権力をもって他人の人生を決定する。

　司法研修所を卒業すると、裁判官、検察官、弁護士のいずれにもなれると説明される。しかし、それは違うだろう。裁判官になれる人達、検察官になれる人達、弁護士になれる人達の個性は異なる。そして、弁護士になる人達の個性は「反権力」に尽きるように思う。

　しかし、反権力も2種類があるようだ。まず、中坊公平元日弁連会長の「反権力」だ。中坊氏は、社会派弁護士として多様な活躍をしてきたが、住専管理機構の代表者を任されると、検察権力を手先として債権回収を始めてしまった。中坊氏型の反権力は、相手の権力と闘争し、自分自身が権力を手に入れるための反権力だったのだ。

　本当の「反権力」は、自分の権力を怖れることだと思う。自分が権力者になり、自分の決定で、他人の人生に影響を与えてしまう。いや、自分の権力は、自分自身の人生にも影響を与えてしまう。それを怖れ、常に、それで良いのだろうかと自問自答する人達。それが本当の意味での「反権力」だと思う。とても裁判官などは務まらないし、裁判官などになろうとも思わない人達だ。

権力は、権威でもある。

時代に賞賛された経営者がいた。小売店業界を改革した大手スーパーの創立者、世界の長者番付に掲載された消費者金融の経営者、医療法人を全国展開し、身内を国会議員にまで押し上げた医療業界のカリスマ医師。飲食店チェーンを全国展開し、さらに介護事業にまで乗り出した経営者。彼らが失脚する前に、彼らの失脚を予想した者がいるだろうか。

彼らは誰におとしめられたのでもなく、自ら、墓穴を掘って失脚していった。ＩＴブームのいま、多様な人達が権威者として社会の賞賛を浴びている。しかし20年後、この中の誰が時代の権威者として残っているだろうか。権威も、権力も、確かなものではない。

税理士は権力を意識せずに済む職業だ。それ故に、権威に弱いところがあるように思う。権威者の見解を無条件で信じ、上から目線で語る学者の権威を認め、税務判決が出れば、それを無条件に正しいものとして受け入れる。「通達は法律ではない」などと言われて納得してしまう。

しかし、理屈の世界に権力や権威は存在しない。権力を知らずに生きてきた人達が、コロリと権威に騙されてしまう。常に、権力を意識してきた弁護士として、時に歯痒く思う税理士業界の個性だ。

第7　不整合を作り出す脳

ＮＨＫの『ダーウィンが来た』という科学番組でハナグマの子育てを紹介していた。

ハナグマに思考は存在しないと思うが、母親は合目的的に行動し、上手に子育てを行っていた。なぜ、ハナグマは、人間が思考力をもって行うのと同様のことが実行できるのだろう。考えてみれば、蜘蛛も、蝉も、蝶々も、雀も同じだ。蜘蛛には、意識も思考もないはずなのに上手に巣を作る。

人間は思考と意識で行動する。

おそらく、この認識が違うのだと思う。人間も、ハナグマと同じレベルで行動を決定し、その決定した結果を意識が受け取り、意識は自分で行動を起こしたと勘違いをしているのではないか。

では、ハナグマと人間の違いは何なのか。

ハナグマと同じレベルで行われた決定を意識が受け取り、その意味内容を知る。そのことによって、人は、その決定の正当性と、それとは異なる別の決定が行えた可能性を認識する。その認識が無意識領域を育て、意思決定の多様性を作り出すのだと思う。

しかし、異なる決定の可能性を認識する能力は、同時に、他者との比較も可能にする。つまり、嫉み、自惚れなどの負の思考を作り出してしまうのだ。

意識があるからこそ、人間は不整合を作り出す。嫉み、自惚れ、悪意などは、それらの思考過程からの出現であり、それが同時に無意識領域に多様な意思決定の可能性を教えることになる。おそらく、ハナグマは、嫉み、自惚れなどの負の感情は持たない。その代わり、無意識領域で決定される事柄について比較検討する能力も持たない。

もし、人間が抱く負の感情が選択の多様性の思考過程の産物であれば、負の感情の強さは人間としての才能なのかもしれない。嫉み、自惚れ、劣等感など、負の感情の強さは思考の多様性を産むエネルギーになっているのだ。いや、それは負の感情を自分自身の中で消化できる場合に限るだろう。

消化できなければ、対象を否定する「悪意」としてしか負の感情を消化することができない。結局、人間は3つの種類に分けられる。①負の感情が少ない人達と、②負の感情を相手に押し付ける人達と、③負の感情に思い悩む人達だ。そして③の人達は成長する。いや、全ては程度の問題だから、この3つの人格は1人の人間の中に共存する。

嫉み、自惚れ、劣等感など、人間が生きている限りは逃れられない負の感情。それに悩まされることがあったら、それは自分を育ててくれる無意識領域の活発な活動。それを消化することができるのが自分だと、優れた自分自身を喜んでも良いのだと思う。

第8　ネットで拾われる弁護士

日本の裁判制度は役に立たない。

そのような批判のもとに行われた司法制度改革。司法試験合格者の増員と法科大学院制度、そして裁判員制度。これは司法制度改革の3つの無駄だろう。

ただ、同じ無駄でも、敗者が作り出した無駄と、勝者が作り出した無駄がある。弁護士増員と法科大学院制度は「敗者」が作り出した無駄で、裁判員制度は「勝者」が作り出した無駄だ。

司法制度改革に反対した弁護士は、自分達の主張が負けると認識した後は、積極的に弁護士増員と法科大学院を受け入れた。そして、「弁護士任官」という主張に乗り換えて、戦いに負けたことを直視することから逃げた。つまり、弁護士を増員する代わりに、裁判官は弁護士から選任するという制度だ。

しかし、弁護士は誰も裁判官などになりたくはない。もし、裁判官になるのであれば司法研修所の卒業時点で選択する。弁護士は、現実離れした主張に乗り換えて、自分達が戦いに負けたことを直視することを避けただけだった。

勝者が作り出したのが裁判員制度だ。平成28年7月31日の日本経済新聞朝刊は「裁判員制度はどこにいく不参加8割の危うい現実」と報道している。誰も、裁判員などになりたくはないのだ。制度改革のお題目として利用されたのが裁判員という無駄だ。
さらに、これに加えて4つ目の無駄があり、この弊害が一番に大きい。増えすぎてしまった弁護士と、ネットで弁護士を探せる制度だ。

一般素人が弁護士にアクセスし、良い弁護士を選択する制度と宣伝されているが、患者には、名医を判定する能力がないように、一般素人が優秀な弁護士か否かを判定することは不可能だ。結局は、自分に有利な意見を言ってくれる弁護士を探す依頼者と、依頼者に安請け合いをする弁護士の利害が一致する。

司法制度改革の前には、あの資産家と付き合っている弁護士であれば信頼できるし、あの弁護士が引き受けた依頼者であれば信頼できるという信頼関係があった。依頼者の主張が弁護士の主張であり、弁護士の主張が依頼者の主張だった。

しかし、いま、そのような信頼関係は消滅してしまった。ネットで拾われた弁護士が、安請け合いをした主張を繰り返す。手柄を立てなければ家にも帰れない弁護士。そこには正義も法律も存在せず、ただ、ねだる弁護士が存在するのみだ。

難しい税法と、個性のある依頼者。常に、紛争予備軍の立場にある税理士という職業。原告になるか否かは選択できても、被告になるか否かは選択できない。裁判制度が変質してしまったことを理解し、さらなる臆病な業務が要求される時代であることを自覚すべきだと思う。

第9　7段の高さと、7層の深さ

誰でも、右にも、左にも偏らない正しい判断をしている。

それは当然だろう。

正しいと考える位置より、右に住むことも、左に住むこともない。

しかし、その位置が本当に正しい中心点なのか、それは思い込みでしかない。

それでも、君が悪い人であれば、ほかから批判され、多様な軋轢が生じることで自分の立ち位置に問題があることに気付かされる。しかし、君が良い人であれば、誰も、君の立ち位置を批判しない。そして、結局、善人は正しい道を踏み外してしまうのだ。だから、より良く生きようと思ったら、善人を演じるのではなく、悪人を演じなければならない。

中心点が自分には見えないように、上下に重なる高さも、深みも、自分には見えない。しかし、せっかく生まれてきた人生なのだから、7段に積んだピラミッドの高さと、7層に掘り下げた人生の深さを知り、その怖さを認識する必要があると思う。

1段目なら記憶力で登れるし、2段目なら経験だけでも登れる。3段目に登るには理屈の理解が必要で、4段目ではその理屈を常識で検証しなければならない。5段目では専門家としての価値観の確立が必要だ。

6段目は既存の常識を超えた新たな気付きが必要だろう。7段目では年齢が必要なのだと思う。

そして、7層の深さがなければ見えないものがある。

人に雇われるのであれば1層の人間でも務まるだろう。2層の人間でも可能な商売はあるが、3層までの深みがなければ成功はできない。カネを扱う銀行員なら4層の深さが必要だ。不動産を扱うのなら5層の深さがないと長生きはできない。詐欺師や事件屋なら6層の深さがないと捕まってしまう。弁護士なら7層の深さを期待したい。さて、税理士は何層に住む住人だろうか。

1層の薄っぺらい人間でも税理士はできる。資格で保護された商売であれば人間としての高さも、深さも要求されない。しかし、そこで自分の無知に気が付く謙虚さがあれば2層までは成長できる。

そして、恐ろしいのは、中心点が自分には判断できないように、自分より高い層に住む人達、自分よりも深みのある人生を送る人達、それが見えないのだ。誰でもアインシュタイン博士が優秀であることを理解しているが、しかし、彼が、どのくらいに優秀なのか。それを知るためには博士と同じ高さに住む必要がある。

自分が2層の深みに住んでいたら、2層までの人間しか理解できない。3層で満足していたら、4層に住む人達に笑われる。そして、常に自分が真ん中にいることを検証し続けなければ歩く道を間違えてしまう。

その怖さを知る。

それが自分を成長させる第一歩なのだと思う。

第10 ネットで裸になる

個人情報に厳しい時代。

関係者に書類を郵送する際には「レターパック」を利用する。

何しろ、専門家が作成する書面には個人情報がてんこ盛りだ。

しかし、ネットの時代、個人情報は格段に収集しやすくなっている。会社を経営している場合なら「国税庁法人番号公表サイト」で会社所在地を調べることができる。社名と所在地が判明すれば次には「登記情報提供サービス」で会社謄本を入手することができる。

会社謄本が入手できれば、代表者の住所が判明し、Googleマップで検索すれば彼の自宅の門構えが見えてしまう。自宅の登記簿謄本を入手すれば彼の人生における資金繰り表まで見えてしまう。従前、地番を調べるためには法務局への電話照会が必要だったが、いまは登記情報提供サービスで調べられるのだ。

これらの調査が、わずか20分程度の手間と、登記簿謄本を入手するための335円の費用で実現できる。もし、自宅の電話番号が分かっていれば、電話番号から自宅の住所を探し出すサイトも存在する。

立派に活躍している業界の著名人が、郊外の不便な住宅地に住まい、庶民の家に住んでいるのを発見すると、住まいと住人の能力は別物だと理解していても、色々と考えさせられるところがある。多額の預金を持っていれば、よほどのことがない限り、預金残に見合う住居に住むだろう。いや、立派に活躍しながら普通以下の住まいに住んでいる人達も多い。もしかすると個人としては債務超過状態なのかもしれない。

会社謄本が手に入らなければ個人の住所は調べようがない。しかし、社会で活躍している人達の多くは何らかの形で会社役員に就任している場合が多い。上場会社であればＥＤＩＮＥＴで役員の氏名検索ができる。資産管理会社を持っている場合なら、社名に個人名を使用している場合が多い。そうでなくても関連性のある社名を利用することが多いので、想像力を働かせれば社名が検索できてしまうのだ。匿名で節税本を著している税務署ＯＢはペンネームの個人会社を持っていた。

個人で事業を経営していれば、これからの時代、個人番号の提供が必要になる場面が多くなる。個人番号自体は、それを知ったとしても無価値だが、同時に提供される自宅住所には情報がてんこ盛りだ。

もちろん、Googleで氏名を検索すれば、それなりの活躍をしている人達ならプロフィールを見つけることができる。ただ、本人が語るプロフィールは眉唾であることが多い。しかし、「登記情報提供サービス」を利用して入手する情報は実態を現す。いま、多様な手段によって個人情報はネットでは裸にされてしまうのだ。

第11　立法趣旨を語らない

なぜ、法律の中での税法の地位が低いのか。

その理由は立法趣旨を語らないからではないか。

立法趣旨や保護法益を考えない法律の理解はあり得ない。法律は、立法趣旨を実現し、保護法益を守るために制定されるのであって、目的のない手段があり得ないように、立法趣旨を想定しない法律はあり得ない。仮に、組織再編税制や小規模宅地の評価減の条文を作るとしたら、まず想定すべきは、その制度によって成し遂げる目的だろう。その目的が立法趣旨であり、保護法益だ。

立法趣旨が存在し、それを実現するための理屈が構築される。そして、その理屈を表現するために条文が作成されるのであって、その逆ではない。

どのような法律も立法趣旨や保護法益を条文では語らない。仮に、民法１６７条は「債権は、10年間行使しないときは、消滅する」と定めるが、なぜ、時効制度があるのか、なぜ、その期間が10年なのかは条文には書かれていない。

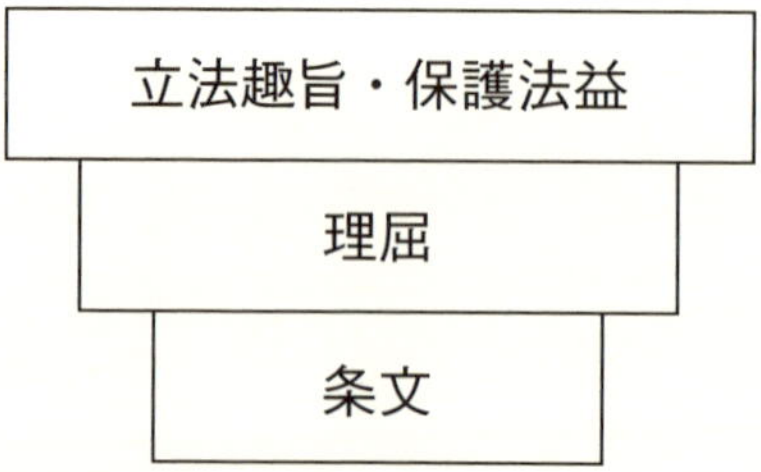

しかし、法律の理解には、「なぜ」、つまり、立法趣旨の理解が当然の前提だろう。これが時効制度であれば、①長期間について続いた事実関係の保護であり、②証拠保存の困難の解消であり、③権利の上に眠るものは救済しないというのが時効制度の立法趣旨だ。

税法は、立法趣旨を語ることには臆病だ。なぜなら、多くの税制改正は節税策との戦いであり、立法趣旨を語ることは、それまでに行われていた節税策を語ることになってしまうからだ。仮に、『改正税法のすべて』に立法趣旨が説明される場合でも、それは表向きの理由であることが多い。だから、税法制定者ではない私達は、「なぜ」という疑問から遡って立法趣旨を探さなければならない。

税法を立法趣旨で理解する人達は少ない。いや、そもそも立法趣旨という言葉を聞かない。逆に、「第1号から第7号までに掲げる金額の合計額から当該法人の過去事業年度の第8号から第12号までに掲げる金額の合計額を減算した金額」という条文を分析し、税法を理解したように論じる人達が多い。彼らには、単なる条文解釈の学として、税法の地位をおとしめていることに気付いてほしいと思う。

法律は、税法を含め、思想であり、価値観であり、整合性なのだが、それを語るのが立法趣旨であり、保護法益なのだ。税法の思想を語る人達が増えれば、税理士にも「税額を計算する電卓」以上の地位が与えられるはずだ。

第12　消費税は城門税

①国内において、②事業者が事業として、③対価を得て行う、④資産の譲渡又は貸し付け若しくは役務の提供。この4要件が消費税の課税対象だ。

しかし、なぜ、この4要件が必要なのか。消費者が行う取引は課税対象にならず、無償による取引も課税対象にならない。消費税法は4つの要件を当然の前提として作られている。

所得税や法人税なら説明は容易だ。所得があれば担税力がある。相続税や贈与税は財産の取得に担税力を認識する。なぜ、消費税は4要件が備わった場合に担税力を認識するのか。

土地の譲渡には消費税は課税されないし、利息収入にも課税されない。担税力を認識するのであれば有償であっても、無償であっても同様だと思うが、無償取引には担税力を認識しない。そもそも、消費税を負担するのは、事業者なのか、消費者なのか。

消費税をヨーロッパ型付加価値税だと説明する人達がいる。

経済学的な定義なので、法律ほど概念は明確ではないが、付加価値は下記のように計算される。

（控除法）　売上－（仕入原価＋燃料動力費＋外注費）

（加算法）　営業利益＋人件費＋賃借料＋租税公課＋支払特許料＋減価償却費

土地取引は含まれず、利息収支も無視される。

では、なぜ、これが含まれないのだろうか。

消費税は城門税なのだと思う。ヨーロッパは城壁に囲まれた都市国家として成長してきた。私が城主なら、城門内の市場に持ち込まれる農作物には租税を課し、城門内で開催されるサーカス団にも租税を課す。ヨーロッパ型付加価値税はフランスで理論的に完成した。しかし、当然のことながら、その前提には当時のヨーロッパの課税の文化と歴史があったはずだ。それが城門税なのだと思う。土地は城門を通り抜けることはないので課税されないし、資金の移動や利息収支にも城門税は課税されない。

日本とヨーロッパの歴史の違いが、日本での消費税の理解を困難にしている。日本の税法は、五公五民の年貢、地券、沽券と続いた地べた税法だ。納税者は地べたから逃げることができないので、収入を課税対象とする所得税を導入することができた。

しかし、ヨーロッパの人達に所得税を課税しようとしても、翌年には他国に移動してしまう。そしてヨーロッパには通行税の歴史がある。取税人マタイがユダヤ人から取り立てていたのは通行税だ。そして、物品通行税が城門税であり、ヨーロッパ型付加価値税であり、日本の消費税なのだと思う。

所得税や相続税の担税力は誰でも理解できる。しかし、城門税の歴史を持たない日本では消費税の担税力を納得することが難しい。それが4要件という思考停止の条文解釈となっている理由だ。

第13　相続で争う

家庭裁判所の遺産分割調停事件は10年間で3割の増加。遺産額が1000万円以下の事案が3割で、5000万円まで含めると7割を占める。そのような解説記事があった。

財産の少ない人達こそ相続紛争が多い。しかし、これは逆転した発想だろう。世の中には財産が少ない人達の方が圧倒的に多いのだ。貧乏人こそが相続紛争を起こす傾向がある。そのような理屈は存在しないと思う。

では、相続は争われる存在なのか。弁護士は相続は揉めるというが、それは弁護士が接するのは争われた相続に限るからだろう。争いが起きなければ誰も弁護士を訪ねようとはしない。病気の患者にしか接しない医師と同様に、揉めた相続にしか接しないのが弁護士業なのだ。

私は、仕事（弁護士業）以外では相続紛争を見たことがない。相続で争えば兄弟は仲違いしてしまうだろう。しかし、私の周りにいる人達は、相続後も、みな仲良しだ。いや、身近に相続紛争を見かけた経験を持つ人達も多いと思う。しかし、紛争は100倍の注目を集め、仲良し相続は話題にもならない。それだけのことだと思う。

では、なぜ、相続紛争が話題になり、家裁の遺産分割事件の受理件数が増えているのか。それがこの10年の傾向であれば、わずか10年で家庭の崩壊が進んでいるとは思えない。相続紛争が増えているとしたら、それは別の原因、つまり、弁護士の増加とネットで依頼者を探す弁護士の出現だろう。いままで弁護士と無縁だった資産層の人達が気楽に弁護士に相談できるようになった。それこそが司法制度改革の目的だったのだ。

では、相続紛争の防止に遺言書が有効だろうか。

「遺言書が必要か」と100人の弁護士に問えば、100人が遺言書は必要だと答える。では、その100人の弁護士に「遺言書を作成しているか」と問えば、おそらく、100人の全員が遺言書は作成していないと答えるはずだ。私も遺言書を作成していないし、遺言書など作成できるはずがない。誰に、何を与えるか、そんな口幅ったいことを考えるのも面倒くさい。

では、誰が遺言書を作成するのか。それは子育てに失敗した場合と、親の教育に失敗した場合だろう。生きている間は誰に相続財産をあげるかで子に感謝を求め、自分が死んだ後にも遺産の影響力を残そうと考える親だ。子を育てると同時に、親も教育しなければならない。

一番の相続対策、さらに相続税対策はなんだろうか。それは、相続対策と相続税対策を必要としない子育てだ。

子育てに失敗すれば相続紛争が起きる。親の教育に失敗すれば相続紛争が起きてしまう。

第14 貸借対照表の時代

私が簿記を学習した40年前は損益計算書の時代だった。取得原価主義が採用され、棚卸資産の評価には後入先出法が有利だった。しかし、いま、損益計算書（稼ぎ）ではなく、貸借対照表（資産）の時代に変質したのだと思う。

昭和の資金不足の時代から、過剰資金のバブルという時代を経て、個人も企業もてんこ盛りの資産を持つ時代に移行した。資産を持たない昭和の時代には稼ぎが重要だった。個人であれば高額納税者番付であり、国はＧＤＰで競争した。しかし、いまは稼ぎより資産の時代だ。

10億円の資産を持つ人達には、１年分の３０００万円の稼ぎよりも、５％の資産の目減りの方が影響が大きい。３０００万円の稼ぎでは生涯を掛けても10億円の資産は蓄えられない。損益計算書の勝ち組から、貸借対照表の勝ち組へと評価基準が変化したのが現在なのだと思う。

これは世界経済でも同様だ。

ＧＤＰではなく、国内総資産（国富）で検討すべきではないか。国富が少なく、開発が必要な国では、インフラを整備することも、ビルを建築することもＧＤＰに加算される。しかし、完成した国では、既に整っているインフラを利用することで間に合ってしまう。ＧＤＰは少ないが、完成した商品価値は同等だ。

昭和の時代も土地には価値があった。しかし、それは日本列島が始まって以来の資源としての土地だった。いま価値があるのはインフラが整備された完成した商品としての土地だ。

豊かな世界でＧＤＰの成長率を論じても意味はなく、国富の現在価値を論じるべきだ。円安になれば輸出競争力が強くなると喜ぶが、これは間違いだろう。円高になれば国富が増えると喜ぶ方が正しい。

私達の仕事は12世紀に開発された簿記を基礎に置いている。簿記は取得原価主義に馴染みやすく、期間損益計算を得意とする。だから、私達も、企業の業績を所得で把握し、そこから納税額を算出することをもって仕事を完成させる。しかし、これが正しい経営指標なのか。耐用年数47年の減価償却費を差し引いて計算する所得計算には意味がない。

もちろん、赤字決算を続けていればジリ貧になってしまう。だから、資産を持たない人達の指標が所得であることは変わりがない。しかし、資産を蓄えた人達には別の指標が必要だ。つまり、いま現在の預金残という指標だ。

企業も、個人もてんこ盛りの金融資産を持つが、それは資産価値についての共通認識の結果だろう。借方に計上した金融資産こそが実感がある豊かさだ。

税理士が集計する所得という指標は、既に、時代に遅れた発想だろう。

第15　どうでもよい金額

いま手続を進めている裁判で、和解の席上、「これって原告にとっても、被告にとっても、どうでもよい金額ですね」と発言したら、裁判官が驚いていた。

請求額は1000万円程度で、被告は300万円は支払うと回答している。それなのに和解が進まず、このままでは証人尋問と判決が必要になってしまう。しかし、原告は大きな資産を持つ企業オーナーであり、被告も、それなりの事業の経営者なのだ。

原告が所有する資産総額からすれば、まさに誤差の範囲に近いわずかな金額であり、被告にしてみても、これを支払えば税務上の損金に計上できるわずかな金額だ。そして、原告の請求の満額が認められるとは思えず、仮に、5割が減じられれば500万円と300万円の争い。まさに、どうでもよい金額だと思う。

さて、今回のテーマは「どうでもよい金額」と言い切ってしまうことの効用だ。

どうでもよい金額と言い切ってしまえば、残るのは意地であり、メンツの問題にすぎない。しかし、意地の問題で訴訟を進め、自分の主張が否定されたら、心理的には抜き差しならないことになってしまう。そのようなリスクを抱えながら、当事者は「どうでもよい金額」について争うのが裁判という狂気だ。

「どうでもよい金額」と断言してしまえば、単なる金銭の問題であって、それは取引にすぎない。取引であれば、その程度の金額の増減は常に行われていることだろう。相手に譲らせることなど考える必要はない。わずかな金額について譲歩できない人達こそ、心貧しい人達だと定義してしまえばよいと思う。

多数の訴訟には、多数の理由があり、また、多様な資産状態の人達が存在する。だから、全ての人達にとって、訴訟で争う金額が、どうでもよい金額だとはいえない。しかし、多くのトラブルは「どうでもよい金額」で争われている。裁判になれば、弁護士も、裁判官も、「どうでもよい金額」とはアドバイスしてくれない。それを言い出したら自分達の仕事を否定することになってしまう。しかし、私達は商売人なのだ。そんなものは支払ってしまえばよいのだ。

社会で生きていく限りは、多様な場面で金銭の問題が登場する。そこで自分の意地を押し通してしまえば抜き差しならないプライドの罠に落ち込んでしまう。必要なのは、自分をプライドの罠に落とし込む前に「どうでもよい金額」という視点を思い返すことだ。

各々の場面には「どうでもよい金額」が存在する。

小さな金額で正義を主張せず、心の中で、「どうでもよい金額」と自分の迷いを切り捨ててしまう。

そうすれば心豊かに暮らせること間違いないと思う。

第16　誰のルールで働くか

「本当に、税理士の人達って真面目に勉強しているの」

「県庁に出入りする税理士の人達は何も勉強してないよ」

これは某県庁に勤める友人から聞いた言葉だ。

私の周りの税理士が、県庁職員に見下されるほど不勉強だとは思えない。この認識のギャップはどこにあるのだろうか。

それは自分が身を置くルールの違いが大きな理由だろう。

公務員は自分達の組織が作ったルールで働く。仮に、裁判官の要件事実であり、税務署の別表などのルールだ。裁判所や税務署のような立派な役所ではなく、県庁や市町村でも同様だろう。多様な事業方針から事務手続まで詳細なルールを作成し、それに則って作業を進める。公務員が自分達の常識を疑うことはあり得ない。疑ってしまったら仕事ができないし、そもそも疑いを抱く必要がないほどに完成したルールだ。

それに対し、民間企業の人達は顧客の常識（ルール）で働き、その基本は信頼関係だ。頑固になってしまった高齢者、多様な要求を突き付ける顧客。その人達とトラブルを起こしていては商売にならない。トラブルを起こせば上司から叱責される。常に、顧客と上司の意向に付き従うのが民間企業に勤める人達で、判断基準は他人だ。

私達は、どこに位置するのだろう。それは自分自身のルールだろう。どのような顧客を相手にするのも、どのように人生を律するのも自由。そして、その自由さのツケを常に支払い続けるのが私達の仕事だ。日々、自分のルールで生活し、反省し、自慢し、落ち込み、自惚れ、自分を常に育て続ける人達。それが自己責任で働く自由業だろう。

さて、誰のルールで働くか。3つの人生を経験しない限り比較できない。自ら判断するリスクを負わず、役所、あるいは会社の看板で保護される生活にも魅力がある。何しろ、働く人達の80%はそれらの人達だ。

しかし、毎月千人近い患者を診察するという認知症専門医が述べる次の意見は刺激的だ。

「経営者、特にオーナー経営者が認知症になるケースは少ないと感じるからです」「ある有名経営者が、『どれほど大企業であっても、雇われ社長の身で見る風景と、小さな企業でもオーナー経営者として見る風景は異なる』と言っていました」「扁桃核（感情を司る脳）への刺激が大きいライフスタイルとは、突き詰めて言うと、『好き』と『嫌い』、『快』と『不快』がはっきりした生き方です」（『公務員はなぜ認知症になりやすいのか』長谷川嘉哉著　幻冬舎）

他人の人生は経験できない。しかし、自分のルールで働くことが、認知症の予防になるのであれば、私達の仕事も満更ではない。

仕事を楽しもうではないか。

第17 税法の裏をかく

Ａ社Ｂ社方式に始まり、航空機リース、生命保険節税、組織再編成を利用した分社型分割など、税法業界は節税事例が盛り沢山だ。しかし、税法の裏をかく手法が長生きすることはない。

仮に、Ａ社Ｂ社方式による節税であれば「Ａ社Ｂ社方式の発案者」である「被告において、少なくともＡ社Ｂ社方式による節税策には課税庁により否認されるリスクがあることを十分に認識可能であったというべきであり、被告としては、本件勧誘の際、原告らに対し、右リスクを説明すべき注意義務を負っていた」という顛末に終わっている（平成12年11月15日大阪地裁判決）。

私達の仕事は、税法の正義を実現することであって、税法の裏をかくことではない。

銀行員や生保の社員が税法の裏をかく多様な商品を提案してくる。税法を専門とする私達にも思い付かないアイデアで、彼らの優秀さに感心するが、それは違うのだと思う。彼らには2つの特性がある。つまり、カネを融資し、商品を販売するという目的から出現した節税スキームということと、税法的な倫理観を理解しない人達が作り出す節税スキームということだ。

私達は、受験時代から税法的な倫理観をたたき込まれてきた。いや、誰も、それが倫理観だと認識して学習してきたわけではない。しかし、脱税が禁止されるのは当然として、それと同時に税法の理屈と共通言語を教え込まれてきた。過大役員報酬、寄附金、無償譲渡、みなし譲渡所得課税、みなし贈与財産など、全て、税法の理屈であり、その理屈の包括体系として完成しているのが税法という世界だ。

税法の理屈を理解しない人達には多様な矛盾点が見つけられるのだろう。私達が税法の矛盾点を見つけるのは難しいが、しかし、これが民法であれば幾らでも矛盾点が見つけられる。なぜ、契約期間が満了しても借地人や借家人は追い出せないのか。家賃を不払いした借家人を追い出すのに、これほどの手間が掛かるのか。問題のある社員を解雇するのが、なぜ、これほどに不自由なのか。

若者は知識に憧れる。だから、知識を駆使し、多様な節税策を提案する人達には圧倒されてしまう。しかし、それは違うのだ。ただ、それは彼らのテクニックを学ぶ必要がないという意味ではない。知識がないために実行しないことと、知識があっても実行しない。それは真逆の判断だ。

税法という道を専門としたからには税法を極める必要がある。彼らのアイデアは、税法的な倫理観、あるいは税法のリスクに固まっている私達の頭の柔軟剤だ。彼らを否定するのではなく、良き教材として学ばせてもらおう。

しかし、そこで実行するのは常識という税法だ。

第18 遺言書に反する遺産分割

遺言書に反する遺産分割は可能か。

そのような質問を受けることが多いが、これを理屈で考えると相当に面倒な設問だ。遺言内容が特定遺贈であれば、遺贈を放棄（民法９８６条）して、遺産分割を実行してしまえばよい。

では、「相続させる遺言」の場合は如何だろうか。訴訟の分野では、「相続させる遺言」が存在する場合も遺産分割協議が必要だという判決があった。昭和45年3月30日東京高裁の多田判決と称されるもので、「相続させる遺言があっても、遺産分割が成立するまでは相続人は法定相続分の共有持分を有するにとどまる」と判示していた。

しかし、その後、昭和63年7月11日東京高裁の武藤判決を経て、最終的に平成3年4月19日最高裁の香川判決で「何らの行為を要せずして、被相続人の死亡の時（遺言の効力の生じた時）に直ちに当該遺産が当該相続人に相続により承継されるものと解すべき」と判示した。

つまり、遺言書に反する遺産分割は、遺贈であれば可能だが、「相続させる遺言」の場合は不可能という判断だ。しかし、香川判決も「当該特定の相続人はなお相続の放棄の自由を有するのであるから、その者が所定の相続の放棄をしたときは、さかのぼって当該遺産がその者に相続されなかったことになるのはもちろんであり」と判示している。これが相続開始後3ヶ月以内の相続放棄なのか否か。遺言執行者が選任されている場合の理屈はさらに難しくなる。遺言執行者がある場合は「相続財産の処分その他遺言の執行を妨げるべき行為をすることができない」という民法1013条による制限だ。

しかし、この点について平成10年7月31日東京地裁判決は次のように判断している。「相続させる遺言」の場合は「なんらの行為を要せず、被告に相続承継されたものとみるべきであり、これに遺言執行者が関与する余地は」ない。遺産分割協議の無効確認を求める遺言執行者の訴えの利益は否定されたのだ。

さて、実務では、どのように考えるべきか。

第三者の受遺者がいない限り、遺言書に反した遺産分割は可能だろう。何しろ、民法は、当事者が納得すれば何でも可能なのだ。そして、税法の判断基準は常識なのだから、この場合に贈与、交換とはいわないだろう。そして、遺言執行者については「君は不要」といえば身を引くのが、この頃の信託銀行の実務だ。しかし、弁護士が「俺は被相続人から依頼された立場」だと主張したらどうなるのか。

民法は、税法と異なって「争い」が存在し、「弁護士」が登場して議論を始めてしまう。しかし、税務の判断基準は常識だ。遺言書がある場合に、それを無視した遺産分割も可能。

これは確定した税法の実務だ。

第19 善意と悪意

「善意」と「悪意」。法律家が、この言葉を使うときは、良い人と、悪い人の意味ではない。善意とは、その事実を知らないこと、悪意とは事実を知っていたこと。

各々の業界には、その業界に通じる共通言語がある。私達の業界であれば借方と貸方。それに匹敵する法律業界の代表的な共通言語が善意と悪意だろう。

なぜ、善意と悪意というのか。それは私も知らないし、おそらく、それを説明できる法律家は存在しないと思う。「そのように決めた」。それが法律だからだ。

さて、「善意」は、どのような場面で登場するのか。仮に、通謀虚偽表示の場合だ。通謀虚偽表示という言葉も法律家の業界用語だろう。相手方と通謀して虚偽の事実を述べること。たとえば、強制執行を免れるために息子と共謀し、自宅を息子に売却したことにして移転登記をしてしまうことだ。これが通謀虚偽表示で「相手方と通じてした虚偽の意思表示は、無効とする」と民法94条1項が定める。

さて、息子が、自分名義になったことをチャンスとして、自宅を担保に貸金業者からカネを借りてしまった。息子名義になったこと自体が、そもそも無効で、息子は自宅の所有権を手に入れないのだから、自宅に設定された抵当権は無権限者による設定として無効になるのか。そこで善意の第三者が登場する。同条2項に「前項の規定による意思表示の無効は、善意の第三者に対抗することができない」という条文だ。

悪意は、どのような場面に登場するのか。息子から抵当権の設定を受けた貸金業者が通謀虚偽の事実について「悪意」であれば保護されない。ただ、悪意が、本当の意味での悪意として登場することもある。離婚原因の1つである「配偶者から悪意で遺棄されたとき」という場合だ。これは「知っている」場合ではなく、国語的な意味での悪意だろう。

さて、善意と悪意。これは税法の分野にも登場するのだろうか。そもそもが取引の保護を目的とする概念なのだから課税所得の計算という場面では登場しない。では、通謀虚偽の事実を常に無効と認めるのか、悪意の当事者からの返還を無条件で認めるのか。そこで登場するのが「事実認定による否認」だ。息子に売却したことにしたのであって売却の事実は存在しない。通謀虚偽という法律を利用して登記を元に戻したものであって真実は「贈与」だ。そのような事実認定による否認だ。

共通言語を知らなければ業界での会話は困難だ。「善意」と「悪意」、これは借方と貸方と同じように一般的に利用される法律業界の共通言語だ。それを税法と摺り合わせて紹介してみた。明日からは「善意」と「悪意」を使いこなしていただけると思う。

第20 全ては必然

いま30代の税理士が、60歳の時点で、どのような人生を築きあげているか。それは予測不能だろう。まして20代の税理士試験の受験生が60歳になった人生を想像することなど不可能だ。

どのような出会いがあるか、どのような失敗をしてしまうのか。まさに一寸先は闇だ。しかし、60歳になって考えると、全ては必然だったのだと思う。必然性の全ては、その人固有の個性から出現する。だから怖いのだ。成功も、失敗も、君の個性が原因といわれてしまう。

私は、税理士、そして弁護士として多様な依頼者と付き合ってきた。

相談を受けた段階では、その原因は、取引内容であり、失敗であり、事故だった。それを解決するための手段が知識であり、法律であり、裁判だが、その後、相談者の人生を20年、30年と見続けると、全ては、その人固有の個性から出現する必然だということに気付かされる。

大きな事業を作りあげ、多額の資産を築きあげた経営者、その後の紆余曲折を経て、結局は、全ての財産を失う。そのような経営者を何人も見てきた。相続税対策のために多様な財産管理をしていた資産家が、いまワンルームマンションに住んでいる。

いや、もちろん、成功し、子ども達を自立させて、平穏な生活をしている人達も存在するが、彼らの成功は、彼の個性に基づくのと同様に、彼らの失敗も彼の個性に基づく。全ての人生は、その人固有の個性から出現する必然性だと思う。

私自身も同様だ。20代の頃、あるいは40代であっても、いまの人生は想像できなかった。しかし、60代になって過去をふり返ると全ては必然にみえてくる。宝くじに当たったことはないが、大きな失敗をしたこともない。常に安全確実な選択をするのが私の個性なのだから、宝くじに当たることもなく、株式投資で大儲けすることもなかった。

視点を変えてみよう。年頃の女性や、結婚の潮時と思える男性陣を見かけることは多いが、その2人を紹介しようとすると上手にマッチングする組み合わせが見つけられない。しかし、結婚している2人は、それが美男美女に限らず、性格のきつい女性、変わり者の亭主など、多様な人達がいるが、その人達の全てが調和のとれた夫婦になっている。調和する2人が引き合うのか、夫婦になれば調和するのか、調和できない夫婦は離婚してしまうのか。それも、その人の個性が作り出す必然だろう。

だから怖いのだ。成功も、失敗も、さらには事故も偶然も、全て、君の個性といわれてしまう。日々、自戒し、それが君の個性といわれる平穏な人生を築こうではないか。

第21　１０９名の裁判官に聞く

第二東京弁護士会が発行する季刊誌の別冊『１０９名の裁判官に聞く』という特集。残念ながら絶版となってしまったが、そこには弁護士と裁判官の発想のギャップが表れていて面白い。

「準備書面の分量は多い方が良いか」。このような設問に対し、長文の準備書面にウンザリする裁判官の姿が浮かぶ。

「分量は少ないほうがよい。簡にして要を得ることが大切」「やたら長い準備書面は気力を奮い起こさないと読めない。理想は4～5枚の範囲内で要領良く書かれているもの」「分量が多いのは本当に困る。最近、大規模事務所を中心に、長大な準備書面が多いが、繰り返し、誇張に充ちた文面を読むと、説得力を通り越して、疲労するだけである」

パソコンの出現とコピー&ペーストという機能。タイムチャージで報酬を請求し、報酬の請求額で評価される大規模法律事務所の雇われ弁護士と、コンプライアンスの時代に訴訟で事を解決することにした大手企業（の法務担当者）の出現が原因だ。分量が多ければ真面目に仕事をしているように見える。

証人尋問は訴訟の華。しかし、期待するほどの価値はないと裁判官は答える。

「経験豊かな弁護士であれば反対尋問で十分証人を崩すことができる」。そのような問いに答えて、「そんな尋問見たことない」「結論を変えるような反対尋問は、ほとんど経験したことがない。どうでもいいような枝葉について、溜飲を下げている程度である」。

「業界の常識や経験則については立証しなくてもよいだろう」。いや、常識こそ、主張、立証してほしいと裁判官は答える。

「裁判官が業界の常識を知っていると思うのは幻想」「常識、経験則は、一般に閉鎖的なものであり、相手が裁判官であるとなれば、より注意が必要」「裁判官は『業界』について素人です」

依頼者を背負い、ときには不利な事件も引き受ける弁護士と、第三者的な立場でそれを裁く裁判官。立場が違うのだが、それにしても弁護士と裁判官が抱く裁判像には隔たりがあるように思う。

入口は1つ（司法試験）だが、その後の生き方は異なる法曹業界と、入口は別（税理士試験と税務職員）だが、その後の生き方が共通する税法業界。本来であれば会話は前者について成立するように思うが、実際には後者の方が会話は成立している。

もし、税理士業界が、税務職員に対してアンケートを取るとしたら、１０９名の裁判官に答えてもらった基本的な設問ではなく、技術的、事務処理的な内容に踏み込んだものになるだろう。

税理士と税務職員、その信頼関係は弁護士と裁判官に比べて、よほど太いように思う。

第22 男は一生に2度、家を建てる

自宅を新築すると失敗する。

それが昭和の時代に抱いていた私の思いだった。資金があれば事業に向けるべきだ。手持ち資金を頭金にして賃貸物件を購入すれば、家賃収入で自動的に借金は返済される。そのうちに地価は上昇を続け、家賃も更新の度に増額されていく。家賃収入、地価の上昇、家賃の値上がりというダブルインカム、トリプルインカムが昭和の賃貸物件への投資だった。

収益を生まない自宅に資金を注ぎ込む。それは、人生を完成させた人達か、いまの儲けが永久に続くと慢心してしまった人達のカネの使い方だった。銀行融資の金利が8％の時代に、収益を生まない自宅にカネを注ぎ込む判断は間違いだった。

しかし、いま自宅を新築する時代だと思う。

時代は変わってしまったのだ。

バブル崩壊から29年、地価も家賃も下がり続ける。ダブルインカム、トリプルインカムの不動産投資の時代は終わった。それに代わって登場したのが90歳まで生きる高齢化社会。30代で家族のために取得した建物も、既に、30年を経て、さらに10年は住めるとしても、90歳までの30年間を過ごすことは難しい。床暖房、

断熱素材、キッチン、バスなどの機能の改善も日進月歩だ。

親に育てられる30年、子を育てる30年、自分のために生きる30年。最後の30年を快適に過ごすために男は一生に2度、家を建てる。1度目は家族のため、2度目は自分達夫婦のため。冬は暖かく、夏は涼しい我が家で快適に過ごす。

住まいは自尊心だ。どのような家屋に住まうか。それが、その住人のほとんど全てを語ると思う。マンションでは判定は難しい。しかし、戸建てであれば、極端には仕事上の地位、年収、預金残の全てを語ってしまうのが自宅だと思う。

さらに地震対策、自然災害対策も重要な時代だ。講演会旅行で地方を回ると、風が吹いたら倒れてしまいそうな建物を見かける。自分の居住地が災害に襲われたときに自然災害の脅威などと論じても意味はない。どこに住む場合であっても、災害に強い耐震構造の自宅を建築すべきは当然だ。預金通帳を抱えて倒壊した家に潰されても面白くはない。

しかし、語るまでもなく、ゆとりのある人達は2度目の自宅の建築を既に実践している。子ども達の気配がない高齢な夫婦が住む贅沢な自宅の新築だ。子ども達に不動産を相続させることなどは自身の生活に比較すれば遥かに劣後した目標だ。自分が死んだ後のことは考えるだけ無駄。そのような高齢者が増えていることは確かだと思う。

いや、そのように生きるべきが60歳からの人生だと思う。

第23 サラリーマンの世界

ベストセラーになっている内館牧子の『終わった人』（講談社）。

「激しく熱く面白く仕事をしてきた者ほど、この脱力感と虚無感は深い。もはやサラリーマンとしては先に何もない。せいぜい、子会社の社長になるか専務になるかというところだ。これが65歳ならいいが、51歳で『終わった人』なのだ」

いや、私にはサラリーマンの人生は分からない。昔から分からなかったが、この頃、さらに分からなくなってしまった。私が若かった頃、サラリーマンも1つの職業だった。私のように自由業を選ぶか、会社に勤めるか、公務員になるか。それは単なる職業選択の問題だった。しかし、私自身が、定年退職年齢を超えた現在、それは人生の選択だったのだと思う。

私は、自分で自分の人生を築き、自分の判断で自分を育ててきた。正しい判断をして、それを喜び、間違った判断をして、それを後悔する。そのようにして育てた自分の判断基準が完成しつつある状況で、日々、多様な事象や考え方に遭遇し、それを自分の中で位置付けることが、30代、40代の頃に比較して格段に容易になっているように思う。

私にはサラリーマン諸氏との個人的な付き合いは少ない。仕事で付き合い、交渉する相手は不動産会社の山田さんであり、税務職員の田中さんだったりする。その人達の立場と経験、判断基準は三井不動産であり、豊島税務署という組織基準だ。そこで個人としての山田さん、田中さんの判断が登場することはない。

山田さんには、個人としての不動産賃貸業の経験はなく、課税所得について多様な指摘をする田中さんには自分で事業を経営した経験も、法人税を申告した経験もない。いや、彼らにも誇りがあるだろう。大きな組織で、大きな金額を動かしてきたという誇りだ。しかし、それが山田さん個人の何を育て、どのような価値観を構築したのだろうか。

彼らは、会社に勤めていた頃から『終わった人』だったのだと思う。それが分かってしまったいま、彼らと、私の発想の根源である人生は語れない。多様な判断には、その判断の前提になる人生がある。それを持たない人達。持つモノは会社の名刺と肩書き。人事から命じられて転勤していく前橋支店。それが分かってしまった現在、サラリーマン諸氏との会話から得るところがない。

逆に、彼らとの共通言語は、定年退職をしてしまった後の方が通じるように思う。定年退職した後に、彼らにも自分の判断で積み上げる人生が始まる。しかし、それが60歳、65歳を超えてからの人生だとしたら辛い。

私達が選んだ自己責任の自由業という人生の選択。日々の仕事での成功も、失敗も、楽しもうではないか。

第24 人の悪口は言わない

人の悪口は言わない。

子どもの頃から教えられてきた道徳だ。

しかし、これは正しいのだろうか。悪口を言わない人達は、半分の視点でしか世界を見ていないように思う。世の中の人達の全員が善人とは思えない。1人の人間の中にも善人と悪人が存在し、長所と欠点が存在する。そのような両面的な存在によって厚みを持っているのが多様な人達の個性だ。いや、自分自身の個性だ。

善人の視点と同時に必要なのが、批判、悪口、皮肉の部類の発想だ。物事を立体的に捉えようとすれば、180度、いや、360度方向からの検証が必要になる。それを可能にするのが賞賛と共に、うさん臭さを感じる悪意の感情だ。悪意の心を持たない人間がいたら、それは単に思考が浅いだけの鉄腕アトム型の正義のロボットにすぎない。

批判、悪口、それは人間に対する深い関心を示すのであって、善意のみの視点は、人間の本質を理解することを避ける無関心という視点だ。他人に関心をもち、他人を深く理解しようとすれば、彼の善意と共に、その本質を知るために悪意の存在も知りたくなるはずだ。

半分の視点でしか世界を見ていない人達、いや、見えない人達が結果として悪を為してしまう。先の戦争中、「非国民」という言葉で言論統制をしたのは、憲兵などの国家権力だけではなく、善意の隣人だった。善意しか見えない人達が、批判的な視点を持たず、善意側の道を突っ走ってしまう。

仮に、Amazon の書評であれば、星5つの称賛の書評を書くのは簡単だが、星1つの書評を書くことは容易ではない。その書籍の本質を読み取らなければ見当違いの批判になってしまう。他人を批判することは、他人を理解することであって、理解しなければ批判はできない。

悪口を言わない。

そのような人達との会話は心地よい。しかし、人間を深く洞察しない人達との会話から得るところは少ない。いや、何よりも、他人に対する洞察力のない人達の成長は望めない。

誰でも良い面と、悪い面を持って存在し、その両面を知ることによって深く、その人の個性を理解することができる。欠点さえも、その人の長所を際立たせる個性だと気が付くはずだ。

それは自分自身についても同様だ。他人の欠点を批判する視点は、自分自身の内省に繋がる。自分自身を知る。それを可能にするのが批判的な視点だ。自分の長所しか見えていない人間の薄っぺらさに比較すれば、自分の欠点を飼い慣らすことに苦労している人達は遙かに深い。そして、飼い慣らしてしまえば、欠点も、自分の長所を際立たせる個性として生かせるはずだ。

第25 生計一という概念

「生計一」の概念は自明であって、立法趣旨に遡った議論まで必要としない。それが税法の現場の認識だと思う。しかし、これも探求してみれば税法理論の奥深さを教えてくれる。

生計一概念が登場するのは、①親族が事業から受ける対価（所得税法56条）、②所得控除（同72条以下）、③小規模宅地の生計一（租税特別措置法69条の4）の3つだ。

弁護士夫婦の間で授受された弁護士報酬について①が争われた。平成16年11月2日最高裁判決は、所得税法56条の立法趣旨について「事業所得等の金額の計算上必要経費にそのまま算入することを認めると、納税者間における税負担の不均衡をもたらすおそれがある」と判示している。

しかし、これは違うと思う。夫婦の財布は1つであり、1つの財布の中の支払いは認識できない。これが所得税法56条の立法趣旨ではないか。だからこそ、56条は親子であっても生計が別であれば給与の支払いを認める。

けれども、「財布が1つ」という立法趣旨は56条の場合に限り、医療費控除や扶養控除等の所得控除については採用できない理屈だ。仮に、離婚した妻が引き取った未成年の子への養育費の支払いや、故郷の両親に仕送りをする場合だが、②は、財布は1つの生計一ではなく、「扶養」を基準とする生計一だ。

財布を各々が管理する夫婦。そのような夫婦だったとしても使用する風呂は1つだろう。夫婦や同居の親子（財布は1つ）の生計一と、別居の親子（財布は別で、生計も別だが、扶養義務がある）の生計一は立法趣旨が異なる。

では、③の小規模宅地特例の生計一概念は、どのように理解すべきか。仮に、同居していなくても、仕送りを続けていれば生計一なのか。これは違うように思う。小規模宅地の生計一は、同居から始まる生計一と位置付けるべきだ。

なぜなら、小規模宅地特例は、あくまでも被相続人と同居していた者の居住を保護し、被相続人の生活の糧になっていた事業を保護するという立法趣旨があるからだ。

東京の大学に進学するために下宿した場合であれば郷里の両親と生計一だが、郷里の高齢な母親に生活費を送っている場合は、郷里の居宅は生計一親族の居住用宅地には該当しないように思う。

税法を条文や言葉で理解するのでは面白くない。

生計一という言葉をもとに立法趣旨に遡って検討してみた。ただの言葉ではなく、生活実感に基づいた条文解釈だ。

いや、これは根拠のある分析ではなく、あくまでも私の印象理論だ。生計一の印象を捉える判断要素にしてもらえるだろうか。

第26 エクセル人間

芥川賞を受賞した村田沙耶香著の『コンビニ人間』(文藝春秋)。オカルトの世界なのか、発達障害なのか。現実にはあり得ないが、妙に実感のある世界を作り出している。それに似ているのが私達の世界に住む「エクセル人間」だ。

昭和の時代の賃貸業には「エクセル人間」が登場した。借金をして賃貸物件を購入する。借入利率6%に比較し、賃料利回りは2%と低いが、物件価額は年に10%は値上がりし、家賃も、それに応じて増額されていく。

建物に定率法が採用されていた昭和の時代、減価償却費による節税効果も大きかった。損益通算の節税効果を売りにした業者がサラリーマンにワンルームマンション投資を奨励した。そのときに活用されたのもエクセル型の収支予測表だ。それこそ1億総投資家の様相を示したのが昭和の不動産バブルだった。もちろんエクセルの計算は全て破綻した。

最近では、賃貸併用住宅を売り込むハウスメーカーの営業社員が「エクセル人間」を演じている。35年ローンを利用し、家賃収入が確保できる賃貸併用住宅を建築すれば、ゆとりのある資金繰り表が作成できる。サラリーマン大家さんと称する人達も「エクセル人間」を実践する。借入利率1%で、賃料利回りは6%なのだから、これが採算に乗らないはずはない。

20年ローンで余剰が生じなければ35年ローンにすれば良い。35年という年数の長さもエクセルでは、たった35枠の距離だ。しかし、それはゼロ歳の子が35歳になり、35歳の投資家が70歳になる年数だ。賃貸物件の取得を勧める営業社員は、自分では賃貸業を経営した経験を持たず、エクセルでしか賃貸業を経験していない人達だから、そこに実感があるはずはない。

新築物件も10年を経過すれば女性は入居しなくなり、15年を経過すれば入居者の質が落ちて、25年を経過すれば修繕費が必要になってくる。時代の変化と共にキッチン、バスなどの品質が向上して時代に遅れていく。空室リスク、修繕費リスクを書き込んでも、それは仮定の数字にすぎない。しかし、そのような実感はエクセルには書き込めない。

嘘をつかずに嘘をつく。語るところに嘘はないが、語らないところに嘘がある。それが投資をアドバイスする人達の才能だ。エクセルに表現された数字に嘘がないとしても、その前提になった事実は不確実性がてんこ盛りだ。しかし、エクセル人間の計算は緻密なるが故に、そこで計算した結果に信頼を与えてしまう。『コンビニ人間』のストーリーに引き込まれるのは読書の楽しみだが、「エクセル人間」が作成する精緻な数字に説得されてしまったら、それは失敗への一里塚だ。

第27 山を造る人、麓に住む狸

大戸屋の創業者一族と経営者の対立が報道されている。

大塚家具の創業者と娘の争いもマスコミを騒がせた。

大会社の内紛であり、各々が自分の主張をマスコミに流すのだから、部外者に真実が判定できるはずはない。しかし、経営者の相談に応じてきた立場からすれば、これは狸の勘違いだろう。

仮に、上場会社だったとしても、大きな山を造った創業者は尊敬すべきであって、その山の麓に住む狸は、創業者を批判することはできても、否定することはできない。狸は、山を造った人達がいるからこそ麓に住むことができたのだ。

大きな事業を造り上げた事業家は、その大きさに比例した欠点を持つことが多い。私の付き合った人達の多くは、大きな事業を起ち上げながら、それを自ら壊してしまう人達が多かった。そして、欠点が出現すると、当然、不平不満がでて、ときには創業者を裏切る人達が登場する。各々の人生を抱えた人達だから、自分の利益のために行動するのは当然だろう。しかし、山を造った創業者を、その山の麓に住む狸が否定することはできない。

彼が事業を造り上げたからこそ、狸は山の麓で餌を探すことができた。山の麓の狸が、その山を造り上げた人達を否定するのであれば、ほかの山の麓に引っ越したら良いと思う。

これは専門職と称する税理士や弁護士への戒めだ。専門知識のない経営者を相手に、偉そうに説教するのが専門家だ。しかし、彼が事業を起ち上げたからこそ、狸は、その山の麓に住まうことができる。山に向かって説教できる立場ではないし、否定できる立場でもない。

自分にも山が造れる。そのように勘違いした数多くの狸を見てきた。彼らの多く、いや、全員が大きな山を造る前に自滅して消えていった。しょせん狸は狸でしかない。さて、三つ子の魂は、はたして何歳で完成するのだろうか。おそらく、3歳より前、つまり、生まれながらの個性だろう。そして、生まれながらの個性として大きな山を造り上げる人達がいる。その山の麓で餌を探す狸になる人達もいる。

もし、山の麓で餌を探す狸が、俺にも山が造れると勘違いするのであれば、他人が造った山ではなく、自分の実力で山を造ることに挑戦したら良いと思う。その中の100人に1人ぐらいは山を作れるかもしれない。そうすれば、その山の麓で100匹の狸が生活できるようになる。

ダイエーの中内社長、武富士の武井社長、ユニクロの柳井会長、ソフトバンクの孫正義氏、それらの人達が造り上げた山のおかげで生活できた狸の数は数え切れないほど多い。

第28　城は内部からしか落とせない

多様なトラブルに遭遇してきたが、50％は本人が原因で、その残りの半分が家族が原因、さらに、その半分は従業員が原因。最後の10％程度が取引先などの第三者、あるいは偶然や事故が原因になる場合だ。マスコミに報道されるほどには災害、事件、事故に巻き込まれることがないように、想像するほどには第三者から紛争を仕掛けられることもない。

多くの紛争は自分のメンバーの中で起きるのだ。

なぜ、人間は、自らトラブルを起こすのだろう。家族も、企業も、一致団結し、自分達の集団を守り、外敵に備えれば良いと思う。そのような目的で存在するのが家族であり、企業であり、多数の集団だ。ところが家族も企業も内部から崩壊する。

これは中世ヨーロッパの戦争でも同じだったようだ。ケン・フォレットが12世紀のイギリスを著した『大聖堂』（矢野浩三郎訳　ソフトバンククリエイティブ）で主人公の弟に次のように語らせている。

「リチャードはかぶりを振った。『15年の内戦中、正面攻撃で陥落した城をいくつ見てきたと思う。皆無さ』。いつものことながら、戦さの話になると、彼はとたんに権威をおびて分別あるものいいになる。『ほとんどありえないんだ。町ならたまにあるが、城の場合はない。攻囲戦のあと城を明けわたすか、援軍が来て救援されるかだ。卑怯な手や策略にひっかかるか、内部の裏切りで落ちることはあっても、正面攻撃で敗れることはない』」

家族も内部から壊れる。夫婦の不和、親子の不和、相続紛争など、崩壊の原因は家族の内部にある場合がほとんどだ。父親は家族のために会社で戦い、サラリーマンは会社のために同業者と戦う。しかし、本当の崩壊の原因は内側に向かって攻撃を仕掛けるメンバーの登場だ。

家族を守り、企業を守るためには外敵と戦わなければならない。猛烈サラリーマンとして働き、企業経営者として働く。それなくしては家族も企業も守れない。それらの活動が成果を上げれば、それが励みになり、さらに外に向けた活動が盛んになる。会社で評価され、社会で活躍する。その自分が家庭で否定され、企業で否定されることはないと考える。しかし、それは自惚れでしかない。成功しているという慢心が自分自身のミスを誘う。

家庭が壊れてしまったら事業の成功など鼻糞ほどの価値もない。

しかし、だからこそ紛争を避けることは簡単なのだ。自らを戒め、家族の平穏に常に気を遣い、社員の不満にも気配りをする。ほど良いバランスは、事業に１００、家庭に１００ではなく、事業に80、家庭に１２０のエネルギーではないか。

そうすれば自分の家族や企業を崩壊させる危険は10分の1に減らすことができる。

第29 従業員持株会の解消

昭和の時代、地価は上がり続け、事業は拡大を続け、社長は70代で死亡した。60歳になった社長に残された最後の仕事は事業承継と相続税対策だった。

その時代の安直な節税の手段が従業員持株会を利用した株式の分散、つまり、持株を減らすことだった。従業員持株会への譲渡であれば配当還元価額で売却することができる。

しかし、時代は変わった。地価は下がり続け、事業は縮小を続け、社長は80歳、90歳まで長生きする平成の時代だ。この時代の有利な対策は事業の後始末、つまり、会社をM＆Aし、あるいは上手に会社を閉めて残余財産を残し、それを賃貸物件として利用することだろう。そのためには、従業員持株会に分散した株式を買い戻さなければならない。

もちろん、買い戻しには持株会との合意が必要だが、その合意が得られたとしても、その後に残っているのが課税問題。配当還元価額（旧額面）で売り渡した株式だから、旧額面で買い戻したい。しかし、支配株主が個人として買い戻せば原則評価との差額に贈与税が課税されてしまう。では、会社自身が自己株式として買い取った場合は如何か。

これについては意見が分かれていた。「自己株式の売買価額を時価より低額としたことが、何らかの利益移転を目的とした損益取引と資本等取引とを抱き合わせにした結果」だから受贈益を認識するという解説があった（税務相談事例集　平成19年版）。

しかし、この意見は現時点では否定されている。

「自己株式の取得によって発行法人に経済的価値が流入していると解することはできず」「受入側である増資法人にとってはあくまで資本等取引である」等の理由から「自己株式を無償等で取得した場合の収益計上の理由とはならない」と説明されている（税大論叢　自己株式の無償・低廉取得に係る法人税の課税関係）。

少数株主である売主側には配当還元価額こそが適正な時価なので、これによる売却には所得税法59条の適用はない。では、配当還元価額で買い取ることによって他の支配株主の株式評価額が増額することについて相続税法9条は適用されるだろうか。適用されるとする説が多いと思うが、これは適用されないと考えるべきと思う。

相続税法基本通達9―2は租税回避の場合に限り、9―4は身内間の株式の移転に限り、相続税法9条を適用すると解説している。従業員持株会からの買い取りは、このどちらにも該当しない。そもそも租税回避でない限り、相続税法9条の適用は考えないのが税務の現場の常識だ。

多様な場面で利用できるのが自己株式だが、従業員持株会の解消についての一手段として紹介してみた。

第30 高金利の時代、低金利の時代

昭和60年代の定期預金金利は6％だった。

5000万円の定期預金を持てば、利息だけで職員1人分の給料が支払えたが、今は昔。現在の定期預金の利率は0・01％でしかない。トヨタ自動車の金融子会社トヨタファイナンスが3年ものの社債を年0・0003％で発行したという報道もあった（平成28年10月4日日本経済新聞朝刊）。

預金を多額に持っている人達には不利な時代だ。

いや、逆に、今ほど金利が高い時代はないのだ。

昭和の時代、仮に、定期預金の利率が6％であれば、融資金利は8％で、その間の地価の上昇率は10％だった。いや、地価は20％も、30％も上昇した。終身雇用が保証され、定期昇給があった経済成長の時代だったが、庶民の実感は「はたらけどはたらけど猶わが生活《くらし》楽にならざり」の心境だった。稼ぎにも、それを蓄えた預金も追いつかないインフレと地価高騰の時代だった。

いま、てんこ盛りの預金残を持つ高齢者が増えている。高齢者は預金好きと説明されているが、それは違うと思う。日本人は昔から預金好きだった。ところが預金の増加額を上回る地価の高騰やインフレが存在した。そのインフレが止まり、目減りすることなく預金が積み上がってきた28年間。この時代を働く時代とし

て過ごした高齢者がてんこ盛りの預金を蓄えたわけだ。

低金利の時代、いまほど高金利の時代は存在しない。

デフレの時代には、インフレの時代と異なる投資活動が必要になる。

低金利なるが故に、小銭を持つプチ資産家が高利回り商品を求めて投資活動に参加する。しかし、投資は、少なくとも5％以上の利回りが保証されている時代の経済判断だろう。5％の金利でも、20年に1度の投資先の倒産でゼロになってしまう。仮に、1％の利回りを求めてリスクを選択すれば100年に1度の投資先の倒産でゼロになってしまう。100年間の元本保証がある投資だろうか。

なぜ、そのような時代が到来したのか。それは借方資産の増加だ。戦後の資金のない時代のトラウマから、日々、利益を確保し、個人も企業も借方に金融資産を積み上げてきた。それが借方にてんこ盛りの預金残を持つ個人と企業を出現させた。日銀の低金利政策がミニバブルを起こしているが、これが長続きするとは思えない。てんこ盛りの金融資産を持つ時代に、さらに、資金を提供しても、誰が、何を買うというのか。

退職金などで、いままでに持ったことがない預金残を手に入れたサラリーマン、あるいは小銭を貯めた事業経営者。その人達から資金の運用先の相談を受けたら、預金こそが、もっとも有利な投資資産とアドバイスすべき時代だと思う。

第31　自分のこととして判断する

養子縁組をすれば節税になる。

自動販売機を置けば消費税が還付される。

そのように語ってきたのが税理士業界だ。養子縁組によって相続税が節税になるのなら、それをアドバイスしなければ税理士の任務懈怠になってしまう。自動販売機を置けば３００万円の還付金が手に入るのなら、それをアドバイスするのは税理士の義務だろう。

気の小ささを信条とする税理士としては、どの程度まで節税策に踏み込むのか。いや、優秀な税理士ならあらゆる節税手法を提案すべきだろう。

しかし、それは本当だろうか。

仮に、税理士が、自分自身の節税のために、自分の子を親の養子に入れ、あるいは孫を自分の養子にしているだろうか。私自身なら絶対にあり得ない判断だ。戸籍を汚してまでわずかな節税をしようとは思わない。アパートを建築するについて、自動販売機まで置いて還付金を手に入れようとは考えない。アパートを建築するという冒険に比較したら、消費税の還付などは、まさにケチ臭い節税手法ではないだろうか。節税に目を奪われた投資が成功したためしがない。

もし、税理士自身が、これらの節税を実行しているのであれば、それを顧客にアドバイスすれば良いと思う。それが自分自身の価値観であって、それを顧客に提供するのが専門家の役割だ。

しかし、自分では実行せず、顧客にアドバイスしているとしたら、それは顧客の倫理観を下に置いたことになってしまう。一般素人は、専門家からアドバイスされれば、それが正しい手法だと勘違いしてしまう。税務の分野には多様な選択肢が登場する。顧客の視点でアドバイスの要否を判断するとしたら、節税（というよりカネに対する顧客の価値観）や、顧客の理解能力を推察しなければならない。しかし、そこで登場するのが自分（税理士）自身へのアドバイスだ。

世の中には多様な専門職がある。医師、弁護士、司法書士、公認会計士、設計士など、各々の専門領域で活躍する。

では、彼らが、彼らの知識を自分自身に適用することが可能だろうか。彼らが自分自身にアドバイスをするとしたら何をアドバイスするのだろうか。彼らにとって、職業上の知識は、職業上の知識でしかない。

それに比較し、税理士の知識は、職業上の知識であると同時に、顧客へのアドバイスの指針であり、かつ、自分の人生に対するアドバイスの指針でもある。養子縁組節税をアドバイスすべきか、アパート建築に賛成すべきか。まず、自分自身にアドバイスをしてみればよい。そうすれば自ずから答は明らかだ。そのような職業は税理士のほかには存在しない。

第32 事業承継（個人的な感想）

大学受験までは親の影響が80％で、結婚するか否かは親の影響が30％。その後は、親の影響は10％だろう。自分自身のことを考えても、高校受験は親の影響が100％だったと思う。大学受験でも親の影響が80％だった。結婚するか否かも親の影響は30％は存在したと思う。あの時代なのか、家庭の価値観なのか、それなりの年齢で結婚しない人生はあり得なかった。

しかし、その後の生活の構築は100％が自分の判断だ。どのような仕事をするか、どのような事務所を構えるか。お手本とする尊敬すべき先輩は存在したが、そこで親の気持ちを考えることは皆無だった。

親として、子に対する関心事（干渉し、その反面として感謝を求める）は最大限でも10％程度に収めないと、子の気持ちと、親の気持ちは不等号になってしまう。子は自分自身の100％の判断で生活を構築しているのだ。これが3人の子が独立して自分自身に言い聞かせる親子の関係だ。事業承継などと親の影響から脱皮できない子と、遺言だ、相続だと、子に影響を与え続ける親。そのような未成熟な親子関係になってはならない。

親子関係の構築に失敗してしまえば、いや、さらに事業承継などと子の人生に影響を与えてしまえば、親は、死ぬまで、子の人生について責任を取らなければならない。

仮に、私の場合なら弁護士業の事業承継だが、いまの弁護士業界を見たら暗たんたる思いになっていただろう。司法試験に合格するだけで将来が保証されていた時代とは様変わりし、就職さえ難しい時代だ。就職に失敗すればノキ弁、タク弁、ケー弁として生きていくことになる。さて、息子は、この業界で居場所を確保することができただろうか。

子を、自分の事務所で引き取った場合は、さらに親子関係は密なるものになる。しかし、親子で机を並べたら、私なら3日に1度は何をやっているのかと苛立たされると思う。何しろ、私との間には30年の経験差があるのだ。

これは弁護士業界に限らない。40年間について利用してきたビジネスモデルが、今後、40年間について生き残れるとは思えない。弁護士、公認会計士、税理士などの資格商売は既に金属疲労の状態であって、これが将来も魅力を維持し続ける商売なのか。70代で死亡した昭和の時代とは異なり、いま80歳、90歳まで子の人生を見続けなければならない時代だ。

事業承継は、税理士業の一分野であり、そして親の事務所を事業承継した息子達が多いのが、この業界だ。事業承継は正しい。そのような思い込みの業界に、あえて反対説を唱えてみた。子育ての参考意見としていただけたら嬉しい。

第33 新税を導入したら

資格税、2代目税、独身税。

これを導入したら如何だろうか。

私達は資格を持つことで、その他の人達よりも有利な商売をしている。まさに、資格は償却資産と同様に担税力があるのだ。1年当たりの資格税として弁護士300万円、会計士200万円、税理士100万円と定めたら良いと思う。

この程度は資格がある故の稼ぎだ。

そのような改正案が提出されたら、弁護士会は、自分達は自由と正義を守るための特別な存在だと廃案を主張するだろう。常に、自分は特別と考えるのが弁護士会の人達だ。会計士協会は監督官庁への陳情活動を開始する。税理士会は、会計士が200万円で、税理士が100万円なのは不公平だと主張し、税理士も200万円にすべきと運動するかもしれない。

さらに2代目税だ。政治家の世襲を批判するが、しかし、事業承継の1番は開業医、2番目が税理士、3番目が政治家だと思う。多数の顧客の承継は、まさに営業権の承継と同じだ。新規開業する人達よりも圧倒的に有利なのだから、仮に1年について200万円の2代目税を負担してもらう。

独身税は如何だろうか。いや、独身でいるのも、離婚するのも、各人の人生観であって、それに税が干渉しようとは思わない。しかし、子育てに要する費用は小さくはない。そして、その子達が成人して日本のＧＤＰを作り出すのだから、子育て費用は投資に等しい。国民による投資に参加しない人達に独身税を負担してもらう。懲罰ではなく、単なる投資コストの平等負担だ。ここで男女平等などというのは形式的な平等だろう。独身税を負担するのは30歳を超えた男子に限る。

独身税の導入で適齢期を認識し、人生に区切りを付けてもらう。

それら増税に対して、減税も考えていただければ嬉しい。登録免許税、不動産取得税、印紙税の３つの流通税だ。信託を利用すれば登録免許税と不動産取得税は課税されない。大企業やファンドが所有する１０００億円、２０００億円の不動産が、わずか千円の登録免許税の負担で売買されていて、そのような節税効果が信託銀行の営業上の利権になっている。印紙税も、電子取引、あるいはＦＡＸ取引をすれば節税できてしまう。真面目に契約書や領収書を発行せざるを得ない中小、零細企業をターゲットとした税制としか思えない。

流通3税を廃止すれば、仮に、５０００万円で取得したマンションを５１００万円で転売しても利益が確保できる。商品の流通化に大きく貢献し、経済の活性化に益するところは大きいと思う。

多様な利権で凝り固まった税制。

四角い頭を丸くして、新しい税制を構築してもらったら面白い。

第34 大きな組織と小さな事務所

小さな事務所を経営する者は、大きな事務所に迫力で負けてしまう。大きな事務所には優秀な人達が勤務し、案件も多く、蓄積したノウハウも多いのだと思う。

事務所の比較だけではなく、企業と比較した場合も同様だ。仮に、三菱ＵＦＪ銀行や東京国税局と自分の事務所を比較すれば力の差は圧倒的だ。

しかし、銀行員、あるいは国税庁の職員と比較し、私達が劣っているとは思えない。現場に登場するのは個人であって、個人をネットワークで結んだ人造人間ではない。東京国税局のベテラン職員が、退職してＯＢ税理士になった途端に能力を失うとも思えない。

税理士試験に合格する前の５年は、合格後の１年に等しく、税理士として勤務した５年の経験は独立開業した後の１年の経験に等しい。これが私の印象であり、仲間内の共通認識だ。自己責任で判断するからこそ、経験は知識になっていくのだ。ただ、そこで負け惜しみを言ったところで、顧客は大きな組織を選ぶ傾向がある。

何が原因だろうか。そのことについて、いま読み進めている本に答があるような気がする。『あなたの知らない脳　意識は傍観者である（神経科学者デイヴィッド・イーグルマン著　早川書房）』の第５章「脳はライバルからなるチーム」だ。

社会のチームも、脳も、1つの存在ではなくライバルを抱えたチームで成り立っている。多様なライバルがあるが、単純には「理性」と「感情」に区分できる。自分の頭の中では多様な脳が議論し、争い、答を出している。ダイエットをしなければという理性脳と、目の前にあるケーキを食べたがる感情脳の争いだ。

そして、これらライバルは脳の中に限らず、多様な組織において存在する。理性脳が機能するメンバーと感情脳が機能するメンバーだ。各々の組織によって強弱が異なるが、大組織の場合は、組織という宿命から自ずから理性脳が強くなる。

サブリースによる賃貸物件の建築をアドバイスする営業社員、それに相乗りして多額の融資を勧める銀行員。共に理性脳に基づいて自社の利益の最大化を図る。いや、会社から与えられた職務の遂行こそが唯一の目標になる。それが、会社から命じられたノルマだ。そこには顧客の生活を思いやる「感情脳」が登場する余地はない。「おいおい、いまどき、そんなモノに投資してどうするの」。そのような生活実感を持たない人達は理性脳に説得されてしまう。

小さな事務所を経営する人達が理性脳において劣っているとは思えない。ただ、「それは君の問題であって、僕の問題ではない」という割り切りができないことが問題なのだ。知識（理性）の判断が顧客の生活（感情）にも合致するだろうか。常に、自分と顧客のために悩み続ける。それが小さな事務所の弱点だろう。

第35 影響されてしまう

全国津々浦々北から南までの税理士会で講師を担当させていただいた。

そこで感じる各々の税理士会の微妙な雰囲気の違いが気になっていた。

講演中に雰囲気の違いを感じることはない。その場の雰囲気を盛り上げるのは講師の責任だ。食事の時間、雑談の時間などで感じる微妙な雰囲気の違いだ。

自由業としての活発さに溢れた人達のいる税理士会、誰もが遠慮深い印象を与える税理士会、時には微妙に傲慢な人達が出現する税理士会。長い歴史で熟成した地域性だろうか、支部長の人柄だろうか、税理士会のドンが存在するからか。雰囲気の違う人達と話を合わせることに戸惑うことがある。

その理由が分かったような気がする。

税理士がお付き合いする顧客層の違いではないか。

たとえば、製造業の人達を顧客層にする地域と、その他の人達を顧客層にする地域の違いだ。東京には製造業が少なく、私（弁護士業）の顧問先にも数件しかないが、その人達と付き合うときには、如何に私の仕事が虚業なのかと恥ずかしくなることがある。社会に何も作り出さず、ただ、口先だけでカネを稼ぐ商売だからだ。

しかし，製造業の人達は、稼ぐことや、節税などより、物を作ることを第一目標、いや、全てと考えている人達だ。

どの地域で税理士業を開業するか。それは自分には選べない必然性の結果だろう。仮に、都内であっても地域によって税理士会の雰囲気は微妙に異なる。それも地域による顧客層の違いだ。

さて、話は変わるが、警察官の犯罪は毎週のように報道される。弁護士業界も懲戒処分が盛り沢山だ。月刊で発行される『自由と正義』という機関誌には毎号10名以上の懲戒処分事例が掲載されるが、そのほとんどがカネの問題だ。それに対して税務職員の犯罪は年に3回も報道されれば多い方だ。

なぜ、犯罪者と同列になることを、もっとも怖れる警察官や弁護士の犯罪が多いのか。これも付き合う層に影響されてしまうためだろう。警察官や弁護士は、常に人間は闇夜では悪いことをするものだと学習し続ける。だからこそ、弁護士は倫理的な意味でのエリートであることが必要だったのだ。

私達は、環境からは自由にはなれない。環境を知識でコントロールできると考えるのは自惚れだろう。それは顧客にとっても同様かもしれない。どのような専門家（税理士）と付き合うか。それが経営者に影響を与えてしまう。

税法という共通言語を語りながら、相互に影響し合っているのが、知識だけではなく、価値観を扱うことになる私達の職業だ。自戒せねばならぬ。

第36 富裕層という定義

「富裕層」という言葉。そこに共通認識があるのだろうか。富裕層は幾らぐらいの資産を持つ人達と認識して会話しているのだろう。

1億円の資産を持つ人を富裕層と認識する人達と、10億円の資産を富裕層と定義する人達、いや、30億円の資産を富裕層と定義する人もいるだろう。富裕層という言葉で会話をしていても見えている景色は異なるのだ。

野村総合研究所は、一世帯の純金融資産保有額が1億円以上5億円未満を「富裕層」と、5億円以上を「超富裕層」と分類して、金融資産を富裕層の定義に採用している。

そこで資産や所得を含めて定義してみれば、資産総額30億円以上で、金融資産5億円以上、所得は1億円を超え、そのうちの5000万円は不労所得。これが「富裕層」といわれても恥ずかしくはない最低ラインではないか。資産総額10億円、金融資産2億円、所得5000万円が「資産家」の最低ラインで、金融資産1億円、所得3000万円が「高額所得者」。このような分類が実感に合うような気がする。

弁護士や税理士は上位2割という自負心を持っていると思う。さて、君は1億円の金融資産を持っているか。自由業者は自己責任で老後の対策をとる必要がある。定年退職のない職業という油断があるかもしれないが、自分、あるいは配偶者の病気はいつ訪れても不思議ではない。

そこで勇気をもって、働く30年の金融資産を定義してしまおう。地価に100倍の差がある都内と地方では資産総額で比較しても意味はない。デフレの時代のもっとも有利な投資資産は現金だ。

40歳の預金残は2000万円から4000万円、50歳では4000万円から8000万円、60歳では8000万円から1億6000万円。この金額に納得していただけるだろうか。

40歳で2000万円を持たなければ不慮の災害、病気、損害賠償請求等に耐えられない。50歳で4000万円を持たなければ息子の医学部入学金は支払えない。60歳で8000万円を持たなければ、その後の30年の生活はおぼつかない。

しかし、上限を画すことも必要だと思う。3億円を持てば4億円、4億円を持てば5億円と思ってしまうのが人間だ。限度のない稼ぎの道に入り込んでしまった人の多くは、経済的に破綻し、あるいは家庭を壊してしまう。仮に、10人のうちの1人の破綻者だとしても、欲望に限度を設けず破綻してしまうほど無駄なことはない。

40歳、50歳、60歳の預金残。仲間内に示しても反応がない。大きすぎるのか、小さすぎるのか。

富裕層、資産家、高額所得者、そして自分自身の人生。中味を認識せず、概念だけで議論していたら人生の構築に失敗してしまう。

第37　1年に100冊の本を読む

人間は2つに分類できる。

本を読む人と、本を読まない人だ。

しかし、本など読まなくても、普通に生きていけるし、特段の支障もない。ゴルフをやる人と、ゴルフをやらない人の違いと同様だ。

ただ、本を読む立場で考えると、本を読まない人生は考えられない。大昔の受験生の時代に、受験勉強さえ終われば、また、本が読める。それがいまでも思い返せる私の受験勉強中の思いだった。

では、読書は仕事に役立つのか、カネ儲けに役立つか、他人との会話に役立つか、自分の人生の構築に役立つか。いや、全く役立たない。生き方、経営、投資などを語る書籍が溢れているが、それらが実際の経営、投資に役立つとは思えない。もし、それが役立つのであれば、1冊の本を読めば世の中の悩みは解消し、読者は投資に成功した資産家になってしまう。

読書は何に役立つのか。おそらく、それは、なぜ、生きているのか。その根源的なところで役立つのだと思う。小説、経営書、経済書、理論物理学、天文学、心理学、脳科学、歴史書、美術書、ドキュメンタリー、自伝。これらに共通して表現されているのは、「なぜ、生きているのか、どのように生きているのか」。このことだと思う。

それは哲学書に限らない。ハウツーを語る経営書や、生き方本、多様な投資本、税法の裏をかく節税本。それらに書かれているのは、知識でも、経験でもなく、著者が語る「どのように生きているのか」という根源的なテーマだ。よくできた書物には自ずから表現される著者の人生がある。深い人生もあり、軽率な人生もあり、過酷な人生もある。小説家が示すのは主人公を通じての1つの人生だろう。なぜ、彼は生きてきたのか。

「なぜ、生きているのか」という根源的な問いを突き詰めれば、最後には哲学書や聖書に辿り着く。しかし、直接に「なぜ、生きているのか」を語る哲学書や聖書よりも、ハウツー本や節税本、小説に表れる「なぜ、生きているのか」という問いの方が遙かに理解は容易だ。

歴史書で徳川家康を学ぶ。それよりも小説や漫画で学ぶ徳川家康の方が実感が伝わり、テレビドラマで見る徳川家康の方が親しみやすい。知識を得るのが目的ではないのだから、正しい徳川家康を学ぶ必要はない。著者の解釈による徳川家康の生き方を学ぶ。

著者自身、あるいは著者が語る主人公と一体化した体験こそが、自分自身について「なぜ、生きているのか」を問う時間だ。その体験の積み重ねこそが、この問いに対する答を準備するのに必要な時間だ。

1年で100冊の本を読む。10年後には自分の人生が深く磨かれていくことは請け合いである。

第38 税法と通達の解釈原理

税法も法律の1つだから、条文の正しい解釈が必要だ。

それは条文の字句の正確な読み取りだろうか。それだけでは足りないのが法律という学問、いや、全ての学問に通じる共通した原則だ。

どの分野であっても、解釈が必要だからこそ専門家が存在する。『最後の秘境　東京藝大　天才達のカオスな日常』（二宮敦人著　新潮社）は次のように述べる。楽譜は、例えるなら芝居の台本のようなものらしい。書かれている台詞をただ棒読みしても、それでは芝居にはならない。演者が物語を理解し、登場人物の心情を汲み取って台詞を発することで、やっと芝居ができあがる。

そこで解釈が必要になるのだが、法律のように成熟した学問では、条文の解釈指針は研究し尽くされている。その手法を紹介してみよう。

まず、「文理解釈」だ。条文を文字と文法に従って理解する解釈手法で、これで済んでしまうのが良くできた条文だろう。「相続は、死亡によって開始する」という民法882条に疑義が生じることはない。「論理解釈」は、文理解釈と対立し、立法趣旨に遡って、整合性に則って条文を理解する目的論的な解釈だ。「拡張解釈」は法令の字句を、通常に使われている文字的な意味よりも広げ、文理解釈から生じる不合理を解消しようとする。仮に、所得税法28条（給与所得）に関し、雇用関係にない親会社から支給されるストックオプションも給与所得に含まれると判断した（東京高裁平成16年8月4日判決）が、これは条文の字句を超えた拡張解釈だ。

逆に「縮小解釈」もある。法令の字句を、一般に意味するところよりも狭く理解する。「反対解釈」というのも存在する。「類推解釈」は類似した事象について、一方についてのみ法文が存在する場合には、他の類似した事象についても、その条文を適用する。「もちろん解釈」などというものも存在する。

税法の条文は、文章としても難解であって、文理解釈すら難しいところがある。そこに止まっていることが多いのが税法業界だ。組織再編税制の導入以降は、さらに、この傾向が強い。しかし、文章である限り、仮に、ラブレターであっても、文理を離れての論理解釈があり、拡張し、縮小し、類推し、あるいは反対に解釈することが必要になる。

1つの事象であっても、視点を変えると、それが真反対に見えてしまうのが税法解釈の怖さだ。そのような思い込みによるミスを防ぐためには、税法解釈は複眼的な見方をもって検証する必要がある。その1つの手法として条文解釈についての多様な解釈手法を理解しておくことも必要だと思う。

第39　相続税に書面添付

相続税の申告に書面添付する。

これは既に相続税の申告における現場の常識だ。

まず、①税務署に対する説明資料になる。M&Aなどでデューディリジェンスを担当させられることがあるが、それよりも会社の顧問税理士から意見を聞いた方がよほど確かだと思うことがある。納税者と本音で打合せをしている税理士の意見であれば確かだからだ。

相続税の申告に限らず、税務申告は、税務署にとってはデューディリジェンスに等しい。それでも継続的な処理である法人税であれば、昨年の比較などで自ずから明らかになるところがあるが、偶然の納税者である相続税の申告では、背景事情も分からずに税務署はデューディリジェンスをしなければならない。そこで役立つのが納税者と身内として打合せをして、税法という共通言語を理解している税理士が作成した書面添付だ。

②納税者に対する説明資料としても役立つ。納税者は正しく計算すれば答は1つと考えていると思う。数字で計算される納税申告に意見の幅があるはずはない。申告が否認され、加算税が課されたら、それは税理士のミスだろう。そこで税務判断には幅があることを理解してもらう。法人税のような継続的な顧客と異な

り、相続税で知り合った顧客についてはなおさらだ。

加算税が課税されない処理が正しい。そのような雰囲気を感じるのがこの頃の業界だが、本当に怖いのは加算税（過少申告）ではなく、過大申告だ。加算税は15％の損失だが、本税は１００％の損失になってしまう。そして、相続税については見直し税理士が暗躍する業界だ。弱気の申告よりも強気の申告の方が安全なのだが、勇気のある申告を行う場合は書面添付が不可欠だ。

③相続税の思考過程について記録を残すことも重要だ。相続税は、申告時期と調査時期に間が開くので、メモ（書面添付）を残しておかないと、どのような思考過程で結論を出したのかが分からなくなってしまう。④担当者の退職にも備える必要がある。書面添付があれば、これが引継書を兼ねることができる。職員の入れ替わりが激しい大規模事務所では書面添付を引継書として利用しているようだ。

そして、メインの目的が、⑤意見聴取の段階で修正申告書を提出すれば加算税はゼロという取り扱いだ。意見聴取の段階で結論がでない場合は、その段階で、修正申告書と更正の請求書を重ねて提出してしまうことも可能だ。いや、もしかして、意見聴取の段階で結論がでなかった場合は、その後の調査で結論がでた場合も加算税は免除されるのかもしれない。

税理士会が雛型として公表するのは、あくまでも記載例だ。現場で利用すべきは、税理士が、税理士の判断で、気になった箇所だけを書き込めば良い。つまり、３行の説明書でも良いのだ。

第40 民法ワールド

税法は毎年の税制改正がある。いや、1年に3度の改正が行われたこともあった。それに比較し、民法は明治29年4月27日に制定されて以降、敗戦時の親族編と相続編の改正があったのみで、それ以降は小さな改正さえも数えるほどでしかない。なぜ、同じ法律でありながら、これほどの差が生じるのか。

その理由は各々の法律が抱える世界観にあるのだと思う。民法は独自の「民法ワールド」を創っている。仮に、それが一般常識と掛け離れていても、民法ワールドとしては完結しているので、裁判所を中心にした法曹業界では矛盾が認識されない。

しかし、民法ワールドも金属疲労が目立つのが、この頃の裁判所だ。

婚外子に実子と同等の相続権を認めた最高裁平成25年9月4日判決を受けて民法相続編が改正されたが、それによって妻が家から追い出される危機が生じている。住宅ローンを組んで夫婦で購入したマイホームだが、これについて子にも相続権を与えるのが民法だ。ただ、実子であれば、通常は母親を追い出す遺産分割にはならないだろう。しかし、婚外子が登場したら、そのような円満な遺産分割は期待できない。そこで民法相続編を改正して配偶者居住権を認めることにしたのだが、誰が、そのような不安定な制度を利用するのだろうか。

子どもを犠牲にするのが「民法ワールド」だ。妻が夫との婚姻中に懐胎した子について、夫以外の男性Cが生物学上の父である確率は99・99998％であり、夫婦は子の親権者を母と定めて協議離婚し、現在は母は子と共にCと生活している。しかし、最高裁平成26年7月17日判決は、「生物学上の父子関係が認められないことが科学的証拠により明らかであっても父子関係の存否は争えない」と判示し、子の請求を棄却している。

なぜ、そのような不幸が解消されないのか。それは「常識ワールド」とは断絶した「民法ワールド」の存在だろう。「民法ワールド」では、「配偶者の相続分は2分の1」「妻が婚姻中に懐胎した子は夫の子」と定めた民法の条文を守ることのみが正義であって、民法の前提にある正義は省みられない。

専門家にしか理解できない複雑な税法や、税務通達、質疑応答集でがんじがらめに創り上げられた「税法ワールド」。これに対し、私達は後ろめたさを感じることがある。しかし、税法が「民法ワールド」のように明治29年4月27日で立ち止まっていたら、どのような税務行政が行われているのか。

「税法ワールド」には社会に適応し、正義を実現しようとする誠意がある。いや、社会に適用しようとするがための複雑化だ。しかし、「民法ワールド」には自らを反省する心はない。

第41 理屈で考える

文理解釈、論理解釈など、多様な法律の解釈指針を紹介したことがあるが、さらに税法独自の解釈指針が存在する。いや、租税法律主義などを持ち出そうとは思わない。

まず、理屈で解釈することだ。

「相続は、死亡によって開始する」。これが民法相続編の最初の条文だが、ここに理屈があるだろうか。しかし、相続税額の計算には理屈がてんこ盛りだ。遺産取得者課税の理屈を採用し、各人が取得した相続財産の評価額を合計して、そこから基礎控除を差し引き、法定相続分で按分して税率を乗じて相続税の総額を計算し、それを配分して各人の納税額を算出する。全て、理屈が存在して作られている条文だ。理屈の理解なく、この辺りの条文を、条文の文字解釈だけで理解することは不可能だろう。

次に、正義で解釈することだ。

「子及び配偶者が相続人であるときは、子の相続分及び配偶者の相続分は、各2分の1とする」。これが民法の相続分に関する条文だが、ここに正義があるだろうか。なぜ、2分の1が正しいのか、3分の2では不公平なのか。婚外子に実子と平等の相続権を与えた最高裁平成25年9月4日判決の登場で、この辺りの正義が揺らいでいる。民法相続編を改正し、配偶者の居住権を認め、あるいは居宅の贈与について持戻し免除の相続分を認めるなど、妻が居宅を追い出されてしまう事態の解消を図っているが、それが十分な正義だろうか。

これに対し、税法の基本原理は正義だ。たとえば、低所得者からはわずかな税金を徴収し、高額所得者からはより多額の税金を徴収するという超過累進税率だ。これらに限らず、税法の多様な制度は常に正義を求めてきた。

最後に常識で解釈することだ。

「役員の給与を50％以下に減額したら、分掌変更退職金が支払える」。これが本当だろうか。零細規模の八百屋の奥さんが、非常勤になり、給与が半減したからといって、分掌変更退職金の支払いが認められるはずはない。税法は、条文解釈の前提に常識が存在するのだ。

難解な組織再編税制を理解する場合も、完全支配要件、支配要件、共同事業要件など条文を読むだけでは理解はできない。これらは単なる決め事にすぎない。もちろん、「車は左、人は右」という決め事を守らなければ命を失うが、しかし、道を歩くときの判断基準は道路交通法ではないだろう。

税法を扱い、税法を理解する。それは理屈を理解し、正義を理解し、常識を理解することと同義語だ。そして、税法解釈として理屈を理解し、正義を理解し、常識を理解することが、自分自身の人生の構築に繋がる。何しろ、社会は、理屈と正義と常識で完成しているのであって、法律の要件で作られているわけではない。

第42 人件費に課税する

社会保険料、消費税、そして源泉所得税。これらは法の建前と実際の負担者を入れ違えることで増額、増税されてきた歴史がある。まず、給与所得者に課される社会保険料だ。

給与を貰う人達が、給料の中から自己の社会保険料を支払うのであれば当然だろう。しかし、その半額は雇用主が負担している。人を雇えば給料のほかに社会保険料の半額を負担しなければならない。

次が消費税だ。消費税は売上に対して課税され、そこから仕入税額を差し引くと説明されている。これが付加価値を計算するための「控除法」だが、逆に「加算法」で計算すれば、消費税は「営業利益＋人件費＋租税公課＋減価償却費」を課税標準として事業者に課税される付加価値税だ。つまり、1000万円の給与を支払えば80万円の消費税の納税が必要になる。

最後が給与に課税される源泉所得税だ。給料から天引きされる金額であって、負担するのは給与所得者とされている。しかし、法律関係は、国と雇用主（源泉徴収義務者）、雇用主と被用者（給与所得者）との関係に2分されている。仮に、源泉徴収税の過大徴収が生じた場合であっても、給与所得者は直接に国に対して還付請求をすることはできない。

仮に、1000万円の給料を支払おうと思えば、142万円の社会保険料を事業主が負担し、同額を給与所得から差し引く。１０００万円の給与と１４２万円の社会保険料を支払えば消費税91万円の納税が必要になる。そして源泉所得税77万円と地方税の60万円の特別徴収が必要になる。

つまり、雇主が負担する金１２３３万円に対して、従業員が支給を受ける手取額は金７２１万円という次の不等号式が成立してしまう。

雇主の負担金（１２３３万円）＞＞＞　従業員の手取り（金７２１万円）

雇用を増やせと掛け声を掛けながら、その雇用に多額の租税負担を上乗せしてしまう。それでは経営者が雇用と給料の増額に消極的になってしまうのも当然ではないか。ロボットを雇用すれば、これらの公課負担はゼロだ。

一生、サラリーマンしか経験しない人達だったら、日々、消費税を負担し、源泉所得税を負担する「税負担者」ではあるが、一度も「納税者」を経験したことがない人生になってしまう。本来、税負担は、シンプルであるべきだと思う。つまり、所得税、法人税、相続税など担税力に対して直接に課税する制度だ。雇主は給与の全額を支給し、給与所得者に社会保険料と所得税を負担してもらう。

税は痛みを感じながら負担すべき民主主義のコストであって、痛みを見えなくしてしまったら麻酔薬でしかない。麻酔で痛みを誤魔化された国民に民主主義の心が育つことはない。

第43 暇になってしまった

暇になってしまった。

そのように語ったら、収入が減って、倒産が間近と思われてしまうかもしれない。しかし、違うのだ。収入は増え続けるが暇になってしまった。

働く人達は、一日を、どのように過ごしているのか。

移動の時間、待つ時間、電話の時間、調べる時間、考える時間、雑談する時間、本当に仕事をする時間、仕事のない時間。この配分は職業によって異なる。仮に、営業職であれば、一日について移動の時間が30%、待つ時間が30%、電話をする時間が20%、本当に仕事をする時間は10%ではないだろうか。ただ、工場で製品を作る人達や、飲食店で料理を作る人達が仕事をする時間は90%なので、効率的でないことが一概に無駄ともいえない。

私が法廷に通っていた頃は、裁判所に行く移動の時間が片道20分、法廷で自分の順番を待つ時間が30分、弁論の時間は10分だった。つまり、10分の仕事について1時間20分を要するのが弁護士業だ。では、事務所ではどのように働いていたのか。準備書面を作成するために資料を入手し、打合せをして、判例を調べる。判例時報の索引号を引っぱり出して役立ちそうな判例をピックアップし、判例雑誌の該当号を読む。その間に来客があり、電話があり、法廷に出掛けなければならない。

しかし、いまは違うのだ。まず、ほとんど裁判事件を担当していない。だから1回の法廷のために1時間20分を無駄にすることがない。判例を調べようとすればデータベースがあるが、そもそも判例を調べる必要がない。基本的な判例は出尽くしていて、既に業界の常識になっている。

税法は如何か。昔は、法令集、通達集、質疑応答集を3点セットとして目次や索引から役立ちそうな情報を探していた。いま、これがパソコン内に存在してキーワードで検索できてしまう。自分自身の著書や雑誌の原稿など蓄積した情報もパソコン内にはてんこ盛りだ。さらにGoogleで検索すれば国税庁や信頼できる税理士の解説によって事案解決のヒントを得ることができる。

そして、メールの文化が浸透し、電話、来客が激減してしまった。会ったことがないだけではなく、電話で話をしたこともない顧問先とメールで情報を交換することも珍しくない。つまり、移動の時間、待つ時間、電話の時間、調べる時間、考える時間、雑談する時間がゼロになってしまったのだ。その後に残るのは仕事のない時間だけだ。

私は、ほかの方より3年先を歩いていると思っている。つまり、3年後には移動の時間と待つ時間がゼロになり、仕事をする時間が限界まで小さくなる人達が増えてくるだろう。それが次の時代の働き方なのだと思う。

第44　法律と裁判所は上位規範

法律と裁判所は社会の上位規範。

これが一般社会の認識ではないだろうか。

法律知識もなく、いい加減な処理をしているのが一般庶民だ。仮に、税理士が、特別受益の知識も、遺留分の知識もないまま遺産分割についてアドバイスする。そのような無知な処理に対し、民法などの法律知識に基づいて正しい判断をするのが裁判所だ。裁判所は、社会の上位規範として存在し、法の支配に基づく秩序のある社会を作り上げている。

しかし、これは違うのだ。

確かに、法律や裁判所が存在しなければ、紛争は殴り合いや、殺し合いでしか解決できなくなってしまう。だから、法に基づいた解決をするために裁判所が存在し、その判断規範として法律が存在する。裁判は、殴り合いや、殺し合いによる解決に比較すれば格段に優れた制度だ。

しかし、社会は、常に、殴り合いや、殺し合いで物事を解決しているわけではない。約束、気遣い、好意、遠慮、感謝など多様な信頼関係で事柄を解決しているのが多くの場合だ。それが難しい場合でも、不満を抑え、妥協することで事柄は解決されている。そこに法律が登場し、弁護士が登場し、裁判所が登場すれば、当事者の全員が不満を持つ結果になってしまうことは、裁判手続を一度でも経験したことがある人達の共通認識だろう。

法律は、喧嘩や殺し合いによる解決に比較すれば上位規範ではあるが、気遣い、遠慮、感謝などの一般社会における事柄の解決方法に比較すれば下位規範でしかない。暴力団に解決を頼むよりは裁判所や弁護士に頼んだ方が良いという意味の上位規範にすぎない。

これは税法についても同様だ。税理士の圧倒的な多数は正しい申告を心がけている。それでも調査の現場で見解の相違が生じてしまうことは避けられない。しかし、その場面でも、お互いの主張を理解すべく努力し、それでも納得ができないとしても、双方が妥協をすることで事柄を解決している。10のうちの7を妥協し、3を妥協してもらうという解決策だ。

ところが、裁判を上位規範と勘違いして、裁判所に正義を求めようとする人達がいる。つまり、約束、信頼、妥協、我慢では解決できず、下位規範である裁判所と法律に頼る人達だ。それでも脱税（殴り合い、殺し合い）という犯罪で税金を誤魔化すよりは良いだろう。

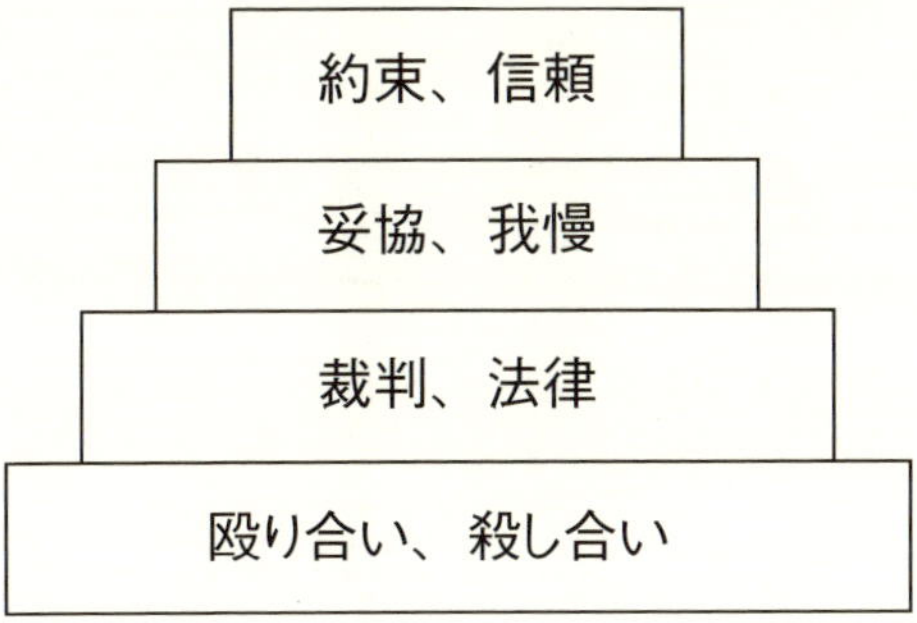

第45　贈与の喜び

私は、バブルの時代、顧問先から1000万円の現金の贈与を受けたことがある。あの時代、土地と株式を扱う人達は有り余るカネを持っていた。そして彼らが弁護士のタニマチを演じていた。

そこで困ったのが所得税の申告だ。事業所得というには事業の対価性がない。結局、贈与税を申告することにしたが、贈与税の納税で手取りは半減してしまう。しかし、顧問先は、納税後の資金を贈与してくれたのだろう。

つまり、2000万円を稼ぎ、そこから所得税を納税した後の1000万円を贈与してくれた。しかし、私は500万円しか手元に残せない。これが感謝の値段だろう。顧問先は2000万円の感謝を期待し、私は500万円しか感謝しない。それを自覚し、2000万円分の感謝をしなければならない。そのように戒めたのが当時の思いだった。

しかし、本当のところ500万円分の感謝の気持ちも湧き上がらなかった。なぜだろう。それは、「彼は1000万円を贈与できる凄い人だ」と位置付けてしまったからだ。

誰にとっても、1000万円を贈与することは勇気ある決断だ。それなのに贈与を受けた側は「彼は1000万円を贈与できる凄い人だ」という定義で終わってしまう。

いま、住宅取得資金贈与、教育資金贈与、直系尊属からの贈与について贈与税の軽減税率など、贈与の奨励策が盛り沢山だ。そのような施策に踊らされて、自分の老後もおぼつかない人達が、子ども達のマイホーム取得のための資金援助をしている。感謝を期待して行うことではないと思うが、しかし、それにしても戻ってくる感謝は「贈与できるカネを持っている親」という定義でしかない。

ただ、それでも贈与は生きているうちに実行するものだと思う。相続財産として残すのだから良いではないか。しかし、相続財産として残されても感謝はされない。相続財産を子ども達が承継するのは当たり前でしかない。そして、高齢化の時代、相続を待っていたら子ども達は60歳、70歳になってしまう。子育てに資金が必要な30代、40代での資産移転を考えるべきが高齢化の時代の家督相続だ。

ただ、その場合でも感謝を求めてはならない。感謝を求めれば、1000万円の贈与は、1000万円の負債（感謝を求められるという）になってしまう。贈与を受ける喜びより、贈与する喜びの方が大きいのだから、贈与する喜びに加えて、感謝を求めたら、贈与する側は貰いすぎになってしまう。

そして、そのような贈与ができる生活を築きあげるのが親の目標だと思う。子ども達が未来に夢を持てない時代、必要なのはカネを持つ親なのだから。

第46 解除できない契約

借家と借地契約、雇用契約、婚姻。

これが解除できない3つの契約だ。

旧借家法は「建物の賃貸人は自ら使用することを必要とする場合」は更新拒絶を可能としていた（旧借家法1条の2）。しかし、裁判所は借家契約の更新拒絶を認めない。転勤中の留守宅を賃貸したが、転勤から戻っても明け渡しが受けられず、家主自身が借家生活をするという悲劇が存在するのが借家契約の世界だ。

借地契約についても同様だ。借地契約を地主の都合で解除することは不可能だ。借地契約の更新拒絶の要件という条文が用意されている（借地借家法6条）が、これが認められることは全く期待できない。

契約は守られるべきだ。それが法律だと思うが、これを否定する判例理論を作り上げたのが裁判所だ。一度作り上げられた判例理論を変更することはほとんど不可能だ。そこで借地借家法は、定期借地権や定期借家権の制度を新たに導入したが、それ以外は「守る必要のない契約」として存続している。

雇用関係を規制する労働基準法は「使用者は、労働者を解雇しようとする場合においては、少くとも30日前にその予告をしなければならない」として、1ヶ月前の予告による解雇を認めている。

しかし、裁判所は、これを否定し、①人員整理の必要性、②解雇回避努力義務の履行、③被解雇者選定の合理性、④解雇手続の妥当性という整理解雇の4要件を宣言し、解雇を不可能とする判例理論を作り上げた。ところが、リストラという言葉が登場し、判例理論と社会環境に齟齬が生じてしまった。そこで労働審判という金銭で解決する制度を新設したが、解雇無効という法制度の下での金銭による解決という矛盾した得体の知れない和解金が提示されているのが現状だ。

そして最後が婚姻契約だ。気に入らないといって妻や夫を追い出すことはできない。民法は配偶者に不貞な行為があった場合など4つの離婚原因（民法770条）しか認めず、性格の不一致を理由とした離婚は認めない。いや、それは建前だろう、妻からの離婚の請求は認められ、夫からの離婚の請求は「ワガママだ」と否定されるのが現場の常識だ。

しかし、破綻した夫婦の離婚を否定しても家庭が回復されるわけではない。ここは裁判所の自助努力での解決策が示されている。別居期間5年をもって離婚を認めるのが最近の判例理論だ。

なぜ、借家契約や借地契約について契約期間が守られないのか。雇用契約について解雇が、これほどに難しいのか。裁判所は、約束を守るべきだと宣言すると共に、約束は守らなくてもよいと宣言する。法律だけでは判断できない裁判所の常識をご理解いただけただろうか。

第47 余剰価値が必要

全ての事業には余剰価値が必要だ。

いや、働く以上は余剰価値がなければ良い生活はできない。

サラリーマンの場合であれば東大卒の華麗な経歴と優秀な頭脳であって、私達の場合であれば税理士、会計士、弁護士という資格だ。これに専門知識という余剰価値が追加されれば鬼に金棒だ。

しかし、常に、自由競争経済は余剰価値を消滅させていく。資格商売の顧客のように需要に限りがある市場では、供給の10%の増加が、市場価値を半額にまで減じてしまうのは、最近の弁護士業界を見れば明らかだ。司法試験の合格者が500人だった時代の弁護士が定年で退場していくのと引き換えに、毎年2000人の人達が市場に参加してくる。まさに恐ろしい状況だ。

さて、ここで論じたいのは不動産賃貸業の余剰価値と賃料の均衡点だ。借入利率1%で、賃貸利回り5%。これが余剰価値と理解されて「サラリーマン大家さん」が賃貸業に進出しているが、これは余剰価値の計算間違いだろう。本当の余剰価値は別のところにある。

まず、賃貸業を経営する人達の90%は、もともと土地を所有していた。つまり、土地の利回り分の余剰価値を持って賃貸業に進出してきた人達だ。土地という余剰価値を持ちながら、それでも失敗し、土地と建物を失うことがあるのが賃貸業なのだから、土地のコストまで負担した賃貸業で成功できるはずがない。

バブル崩壊を利用して賃貸業に進出してきた人達もいる。バブル時には1億総不動産屋の様相を示していたが、その人達がバブル崩壊で失敗し、賃貸物件が放出された。それらは土地代金、あるいは建築費相当額、つまり、半値で売り出されたが、それを拾い上げた人達だ。つまり、購入時に余剰価値を得た人達だ。

さらに、相続税対策のために賃貸業に進出した人達もいる。現金を建物（固定資産税評価額）と土地（路線価）に変更することで減額し、さらに貸家建付地評価減と小規模貸付用地評価減のメリットを得る。賃料で採算に乗らなくても、相続税の節税で余剰価値を得ることができる。

そのような余剰価値を得ている人達と競争し、借金で賃貸物件を取得した人達が戦えるというのだろうか。全てのビジネスモデルは余剰価値で成り立ち、そして自由競争経済は余剰価値を減少させていく。

誰でも実行可能なアパート投資によって余剰価値を確保する。それが不可能なことは誰でも理解できるはずだ。しかし、バブルとバブル崩壊を知らない人達が市場の多数を占め、そこで賃貸業バブルが再発する。

まさに恐ろしい状況だが、そもそも経済とは、そのように循環する歴史なのかもしれない。

第48　縦の相続、横の相続

相続税の申告件数が増えた。

そのような数字が公表され、仲間内でも相続税の申告業務が増えたと聞く。

相続税の基礎控除の切り下げ前は、妻と子3人で9000万円までは非課税だったが、これが5400万円に引き下げられたことから、相続財産が9000万円の場合であれば200万円の相続税額が算出される。つまり、新たに相続税を申告する必要が生じた人達の納税額は最大でも200万円なのだ。

それなりに面倒なのが相続税の申告書の作成だ。継続的な顧問料が期待できるわけでもなく、1回限りで終わってしまう依頼について、そのような少額の仕事が増えても、税理士にとっては面倒なだけではないか。

さらに、第1次相続の場合であれば1億6000万円までは配偶者に対する相続税額の軽減の特例が受けられる。この点の改正はないので、改正後も相続財産1億6000万円まで非課税だ。相続税法の改正で納税義務者が増えるとしても、それは配偶者が存在しない第2次相続の場合に限るのではないか。

あるいは、遺産は、法定相続分で分割するのが正しく、子ども達にも遺産を相続させなければならないと考えているのか。しかし、配偶者の相続税額軽減の特例を受ければ相続税額をゼロにできる場合に、わざわざ相続税を発生させてしまうのは不合理だと思う。

明治29年に制定された民法は、江戸時代の生活習慣を引き継いで「縦の相続」を前提にしていた。田地田畑を相続し、それを子孫に承継させるという縦の相続だ。戦後改正された民法相続編も、土地に価値がある時代背景を承継し、相続財産は縦に承継されるという前提だった。

しかし、いまどきの時代、夫婦の働きで蓄えた財産を子に相続させる必要があるのか。いまは、夫の財産は妻が相続し、妻の財産は夫が相続するという「横の相続」の時代だろう。さらに、長寿化の時代なのだから、残された配偶者は、その後の平穏な生活が維持できる十分な財産を持たなければならない。子ども達が承継するのは両親が死亡した後のことで良いはずだ。

相続した土地で生活をしてきた地主族の人達や、田地田畑に取り囲まれた田舎の相続は、いまでも「縦の相続」だろう。「縦の相続」の地域の人達が「縦の相続」を実践する。そのことを批判しようとは思わない。しかし、「横の相続」の地域の人達が、「縦の相続」を実行すべきと考えているのであれば、それは単なる勘違いだ。

私は100％について「横の相続」しか実行する気がない。

残された配偶者にとって必要なのは潤沢な資産であって、第2次相続の税負担などを話題にするのは、それこそ生活実感が理解できない税理士に限ると思うからだ。

第49　若者に夢を語れない

昭和の時代、経済は毎年成長し、地価は上昇し、事業規模は拡大し、会社での地位と給料は上がり続け、終身雇用が保障されていた。税理士試験や司法試験に合格すれば、それだけで事務所経営も、それなりの所得も保証されていた。

しかし、いまの時代、経済の成長は先が見えず、地価は下がり続け、事業規模は縮小を続ける。中小企業の事業閉鎖、あるいは倒産が予想される時代。大企業に勤めても、はたして定年まで勤務できるのかが見えない時代。税理士試験に合格しても、2代目でもない限り、事務所の開設もままならず、法律事務所を開業してもネットで小さな事件を拾うのがやっとという時代。

若者に夢を語れない。

人生の指針を語れない。

しかし、それは違うと思う。

私の時代も、先輩諸氏は、誰も、私に夢を語らず、人生の指針を示してはくれなかった。ただ、先輩諸氏の仕事の仕方や、築いた財産を見て、それを指針として自分の生活を築いてきた。大きな事業を作り上げた経営者、親から承継した資産を上手に管理して悠々自適の生活をする地主族、名を馳せた業界の成功者。誰が語らずとも、私達は、それを目標にして人生を築いてきた。

常に、時代は、そのようなものなのだと思う。

先輩として若者に夢を語り、人生の指針を語る。

どの時代においても不可能なことで、誰も、そんなことは期待していない。

私が実務に就いたのは、算盤とつけペンで元帳に記帳し、和文タイプライターで準備書面を作成した時代。

それに比較すれば100倍、1000倍も便利になったのがいまの時代だ。

パソコン、ネット、スマホ、それを取り巻く多様な技術とビジネスが登場し、私の時代より、遙かに可能性の幅が広がっている。昭和の人間が、昭和の価値観で、昭和の成功体験を前提に若い人達に夢を語り、人生の指針を語るなどは、まさに勘違いでしかない。

業界の先人として成功した人生を語り、蓄えた財産を示す。それが若い人達に夢を語ることであり、人生の指針を示すことなのだろう。そうすれば、いまは何の実績もない若者達が、10年後、20年後には、私達の時代より遙かに成功した姿を示してくれるはずだ。

それよりもいまの若い人達に夢を語ってもらい、新しい時代を使いこなす練習をする必要がある。そうしないと昭和の時代にも存在した「昔を懐かしむ爺様」になってしまう。日々、努力し、若者達が使いこなす人生のツールをマスターし、時代に遅れた年寄りにならないように成長しなければならない。

いま、若者に夢を語ってもらう時代だ。

どの時代にも成功者は存在するのだ。

第50　語れること、語れないこと

語れることが重要なのだ。

仮に、夫は医者だと語れれば、彼がチビで、デブで、ハゲであることを語る必要はない。大きな税理士事務所を経営していると語れれば、バブル時の失敗で個人的には破産状態であることも、家庭は崩壊していることも語る必要がない。勝訴事件を語れる弁護士であれば、敗訴した訴訟事件を忘れてしまえばよい。

誰でも語れることを語っているだけなのだから、他人が語ることに競争心を掻き立てられる必要はない。しかし、他人との関係で成り立つのが社会なのだから、語るべきものを持つ人達は幸せだろう。みな、語れることを求めて人生を作り上げていく。

仮に、税理士であれば、専門領域を持つことは生きる上で価値があるだろう。組織再編税制を語り、信託税制を語り、資産税を語る。そのような人達が、その専門領域の知識で、どの程度の稼ぎを得ているのか、はなはだ疑問だが、しかし、語れることを持てれば、この業界で生きていくことが楽しくなる。専門領域を語れるという自尊心が満たされ、そして、いつかは、その専門領域が自分の生活を安定させてくれるかもしれない。

逆に、語れないことも重要だ。

引き籠もりになった息子、結婚できなかった娘、身体が不自由な子。おそらく、30世帯に1人、いや、10世帯に1人は語れない子を抱えていると思う。子育てに成功し、自立した子ども達のことは語れるが、引き籠もりになってしまった息子のことは語れない。

語れない子を取り上げたら、差別だ、偏見だとお叱りを受けるかもしれない。しかし、私達の仕事にタブーはない。もし、結婚できなかった娘がいたら、その娘が60歳、つまり、母親が90歳になるまでは、母親が経済的にも、精神的にも援助することで平穏な生活が確保できると思う。しかし、母親が死亡した後、娘が90歳になるまでの30年間について、どのような経済的、精神的な支えで生きていけば良いのか。仮に、月額30万円の生活費であれば、1年間で360万円、10年間で3600万円、30年間で1億円の資金を準備しなければならない。

引き籠もりになった息子、結婚できなかった娘、身体が不自由な子はマイナス1億円の相続財産なのだ。そこで活躍すべきが私達の知恵。財産をどのような形で、どのように残すのか。語れない子がいる場合の老後の予備プランは、そうでない場合と比較して全く異なったものになるはずだ。

語れることと、語れないこと。私達は、常に、社会との比較でしか生きていけない。そこから逃げることができないのであれば、語れることと、語れないことを直視して生きようではないか。

第51 戸籍、不動産登記簿、会社謄本は汚さない

相続税節税のための養子縁組。

相談事案にも登場することが多く、資産を持つ人達が利用してきた手段だ。しかし、これは昭和のバブルの頃、地価高騰に対して緊急避難的に行った相続税対策だろう。いまどき養子縁組節税などあり得ない。仮に、養子にした3歳の子が、年頃になり、良縁に恵まれたときに、養子縁組の記録が障害にならないだろうか。私の息子が連れてきた気立ての良いお嬢さん。いまどき戸籍謄本を交換することはないが、しかし、婚姻届の際には戸籍を見ることになる。そのときに、息子から「彼女は祖父母の養子に入っている」と聞かされたとしたら、もちろん、それでも息子の結婚には反対しないが、私達夫婦は語ると思う。「あの家には何かがある。身内間の相続紛争か、あるいは戸籍よりもカネを大事にする家庭なのか。あの家庭とは距離を保ってお付き合いした方が良い」と。戸籍は汚してはならないのだ。

信託の利用も、これが不動産登記まで必要とするスキームだとしたら十分に検討して行った方が良いと思う。信託登記が為されたまま不動産を購入する者は存在しない。仮に、信託登記が抹消されている不動産でも、私なら購入するときには躊躇してしまう。登録免許税や不動産取得税を節税したまま受益権を移転して所得の分散を図る。そのような意図で信託登記が安直に利用されているようであるが、アドバイザーは不動

産登記簿を汚してしまう弊害を考えたことがあるのだろうか。

会社法が制定されて9種類の種類株式が登場し、その利用方法で盛り上がった。種類株式を利用すれば何でもできてしまう。会社法が改正された直後には多様な会社が利用したが、いま種類株式を利用する会社は少ない。会社謄本を汚すこと自体が社長と会社の個性を示してしまう。

会社の目的欄に多数の事業が記載されているのも気になる。商法の時代、同一行政区画内には同一の営業のために同一の商号を使用することが禁止されていた。つまり、同一の商号を利用する者の出現を防ぐために多様な事業を書き込む必要があったのだが、そのような制限は会社法には存在しない。事業目的に、実際には経営していない不動産取引や飲食業が含まれているとしたら、それは経営者の個性を表す。

法人税の申告書の別表4と5に多数の項目が並ぶ会社も気になる。税額計算のための多様な調整だが、税法の専門家ではない経営者が、損益計算書と異なる数字を見て、経営の実感を見失ってしまうのではないか。戸籍、不動産登記簿、会社謄本、税務申告書は自分の経歴書。

これを汚してはならない。

第52 デフレの経済

バブルが崩壊してから29年について続いたデフレだが、それは異常なのか、正常な時代なのか。なぜ、デフレが始まったのか、デフレが続くのか、デフレは悪いことなのか。その評価と認識が今後の投資活動、いや生活の全ての判断に影響を与える。

デフレの始まりは高騰しすぎた地価の揺り戻しだった。昭和61年の都内最高路線価の上昇率は37.9%、昭和62年は79・2%、昭和63年は40・1%。3年間で3倍にも値上がりした地価だが、バブル崩壊によって「日本の土地は不足」という土地神話は崩壊してしまった。「値上がりするからこそ価値がある」という循環論でしかなかったことが露見してしまった。

人口が減少し続けるという政府の発表と、次々に都心に登場する鉄道新線による住宅地の開発、高層化による住宅とオフィスの増加、さらに駅ナカ店舗の出店による商業地域の増加も地価の値下がりに貢献している。地価高騰でインフレを生じさせていた昭和のエネルギーは一滴も残っていない。

土地以外の値下がり圧力も強い。東南アジアの低賃金労働力が商品価値を通じて日本に輸入され、パソコンやネットを利用した多様なサービスは限界コストゼロの社会を作り出した。需要が増えたとしても供給コストは限りなくゼロに近づく。職人の技を不要とするＩＴ化した生産設備が技術移転を容易にして供給過剰を作り出している。ネットとスマホを筆頭とした技術革新の影響も大きい。スマホには百科事典、時刻表、全国の地図、ラジカセ、テレビ電話、電卓、万歩計、カメラ、ビデオなどの全てが収納されている。これを個別に購入したら大変な金額になるが、それがわずか数万円で購入できてしまう。

企業や高齢者が持つ多額の預金もデフレ圧力を強めている。日本人は昔から預金が好きだった。インフレは庶民の預金を常に目減りさせてきたが、デフレは預金を目減りさせず、働き盛りの30年を過ごした高齢者の預金を積み上げてきた。企業も、個人も借方に、てんこ盛りの預金を持つ時代。日銀がマイナス金利を採用しても資金不足を理由とするインフレが生じるはずがない。

さて、デフレは良いことなのか、それとも経済の死に至る病なのか。借金を抱えた人達には、借金が目減りするインフレは嬉しいことだと思う。しかし、てんこ盛りの預金を蓄えた高齢者にはデフレほど嬉しい時代はない。

インフレの経済が到来するだろうか。郵便料金など、値上がりの気配が見えるが、要するに、不要になり、利用者が減って採算に乗らないサービスがコストプッシュで料金を引き上げているだけの話だ。常に値上がりに追いかけられていたインフレの時代に比較し、デフレこそが平穏な時代だ。デフレを楽しもうではないか。

第53 比較しなければ分からない

この頃の若手の弁護士に語ることがある。

「裁判が変わってしまい、面白くない」と。しかし、怪訝な表情の反応が返ってくる。そうだ、彼らは司法制度改革前の裁判制度を知らないのだ。

司法制度改革前は、弁護士は紹介者を通じてしか仕事を引き受けなかった。信用できる依頼者を代理する関根弁護士として評価され、関根弁護士が代理をする依頼者として評価される。そのような信用を維持するのが弁護士のプライドだった。しかし、いまは違う。ネットで見知らぬ客を拾い、法律を駆使して依頼者の主張を創り上げる。恥をかいてでも依頼者の主張を実現するのが弁護士の仕事だ。

最近の変化に限らず、弁護士業界の仲間内の会話には違和感を感じることがある。なぜ、彼らは、自分達を特別な存在だと認識しているのか。不思議な集団だが、それも弁護士業界しか経験せず、他の業界と比較することのない人達の病癖だろう。いや、裁判官も、弁護士も、訴訟事件を通じて、常に社会の人達と会話している。しかし、そこで行われる会話は「裁判」「法律」「証拠」「立証」という土俵の上の会話でしかない。社会はそれらの土俵の外に存在するのだ。

若手の同業者に「究極の価値は何か」と聞いてみることがある。彼らは土地に価値があった時代を知らない。昭和の時代、究極の価値は土地だった。土地持ちが資産家の証であって、賃貸業経営者は、仮に、それが農家の息子であっても成功者の一員だった。何が欲しいかと問われれば土地であり、土地を手放さない遺産分割が成功した遺産分割だった。翌年には10％は値上がりする土地を手放すなどあり得ない。しかし、いま第一線で活躍する若手は、地価下落の時代しか経験していない。彼らには、土地に価値があった時代と現在を比較することができないのだ。

それについて思い出すのは『私はなぜ麻原彰晃の娘に生まれてしまったのか』（松本聡香著　徳間書店）という彼の四女の自伝だ。正気だったのか、狂気の世界だったのか、なぜ、狂気に至ったのか。それが語られていると期待したが何も語られていない。宗教について、狂気、あるいは正気を語るには、ただ経験するだけではなく、それを客観視（比較）するだけの社会的な経験が必要なのだろう。社会的な経験を得る機会が与えられなかったのが、著者の悲劇だと思う。

私達が扱うのは、まさに社会の常識の真ん中に存在する依頼者の人生だ。これを節税という辺境の知識で語ってはならない。常に、他者と比較し、ほかの業界と比較し、ほかの時代と比較してみる。ほかと比較することでしか中心点は確認できない。それが依頼者の平穏を管理する私達の責任だ。

第54 税務判決を議論する人達

税務判決を議論する多くの人達。

実際の訴訟活動を経験していないためか、裁判官の判断基準を理解せず、見当違いの視点で論評をしていることが多い。

まず、税法を研究している自分よりも、税法判断について裁判官を上に置くという発想だ。税法を専門とする国税側の主張を否定し、裁判官の判断を正しいものと前提する。そのような視点は税法を専門とする自分自身の存在価値と矛盾するのではないだろうか。

文字として書かれるのが法律だが、全ての事柄が文字として書けるわけではない。仮に、税法的な倫理観だ。それを知るからこそ税法の専門家だと思う。しかし、裁判官に理解できるのは、民法的、訴訟法的な倫理観だ。裁判官にも税法的な倫理観を理解してもらう必要があるが、しかし、文章化できない概念なので説明するのが難しい。国側の訴訟担当者に同情したくなる。

逆に、裁判官が税法理論の面白さに填まってしまうリスクもある。たとえば、著しく低い価額について独自の理論を展開して負担付贈与通達を否定した東京地裁平成19年8月23日判決や、更正の請求期間内であれば遺産分割のやり直しが可能と判断した東京地裁平成21年2月27日判決だ。それも1つの正義かもしれないが、その後の実務の指針にならない判決を出されても迷惑な話だ。

裁判官という人達の立場もある。彼らは、公平なる判断者を演じる公務員だ。公務員が従うべきは、「個別の正義」ではなく「一般原則」だろう。さらに、公務員が守るべきは、「正義」ではなく「制度」なのだ。「法的正義」とは「正義を守る」ことではなく「制度を守る」ことにある。その役割を担うのが裁判制度だから、仮に、原告の主張が正しくても、それが「一般原則」として宣言できる内容であり、「法的制度」に適合するものでなければ、裁判所は原告を救済しない。

次のような話を聞いた。裁判官との宴席で、ある弁護士が高裁の裁判官に尋ねてみた。事件が控訴審に来たときに、まず何を見るのか。裁判官が答えて「当事者の主張を読み、原審裁判所の判断を読む」。しかし、アルコールが入り、宴もたけなわになったときに「山田君、決まっているじゃないか。誰が判決を書いたか、まず、それを見る」と。

裁判官は、常に、上級審の裁判官によって評価されている。その評価が出世に結びつくことはないだろう。しかし、自分の法律的な判断が、ほかの裁判官によって査定される。それこそが裁判官のプライドだ。

学者の議論が、学者の議論で終わっている限りは害はない。しかし、判決を、正しい税法の理屈として論じる。まさに弊害としかいえないのが税務判決を議論する多くの人達の意見だ。

第55 家族の形

昭和の時代は、地価は上昇し、事業は拡大し、社長は70代で亡くなった。だから、60歳になって考えることは、土地を手放すことなく相続させること、事業を上手に承継させること。それが社長の関心事で、その関心事に答えるのが専門家の役割だった。

しかし、30年近くも地価の下落が続き、事業は縮小し、廃業する時代。さらに、80歳、90歳まで生き続けることを想定しなければならない長寿の時代。いま必要なのは、相続対策でも、相続税対策でも、事業承継でもなく、自分自身の後始末をつける老後の対策だろう。

親孝行という文化が消滅して、いまは子孝行の時代だ。そして最高の子孝行が、娘にも、嫁にもオムツの世話をさせないこと。そのためには、自分のカネを相続財産として残すのではなく、自分自身の豊かな老後と、自分自身の後始末のために使わなければならない。

これが、私の講演会のテーマだが、私の拘りなのか、私の年齢なるが故の発想にすぎないのか、受講者の実感にマッチするのか、それが微妙に不安だった。しかし、ほかの人の一歩先を歩くのが講師や評論家の存在価値。開き直って、昨日の相続ではなく、明日の相続を語っていた。

しかし、これは一歩先ではなく、一般の人達のど真ん中の考え方と同じだったようだ。「大終活時代　子に迷惑かけたくない」という日本経済新聞（平成29年8月21日朝刊）の記事があった。
「平成12年頃まで主流だった親子孫の三世代同居は今では世帯数全体の11％にすぎない」「代わりに増えたのが夫婦のみ（31％）と単身（27％）」「独立した息子2人には迷惑をかけたくない。自分のことは自分で備えたい」。終活経験の理由で多かったのが「子どもに負担をかけたくない（61％）」。

たった20年で社会構造が変わってしまった。70代の父親から40代の子への相続財産の移転のサイクルが、90代の父親から60代の子への相続財産の移転サイクルへの変化だ。もし、子への財産の承継を考えるのであれば、子が財産を必要とする30代、40代であり、事業承継であれば子が生活を作り上げる40代、50代だろう。相続時の承継では、既に相続人も老境に入ってしまう。

相続をきっかけに行う財産と事業の承継ではなく、それ以前に行うべきが家庭の形の構築だ。30代で財産を承継し、それによって自立し、相続財産を必要としない子を育てれば、相続対策や、相続税対策など不要だ。

そして、70歳を超えたら相続対策や相続税対策とは縁を切り、自分の人生の形を造り上げる。それが、これからの高齢者の資産管理だと思う。

第56 税理士だから税法のプロ

税理士だから税法の全てについてプロ。

そのような時代は終わったのだと思う。

仮に、組織再編税制だ。自分の顧問先で合併処理が登場した場合に対応する。税理士だから税法の全てについてプロであるべきだ。しかし、組織再編税制を理解している税理士が、はたして日本に100人もいるだろうか。目の前に登場した事案の解決のために組織再編税制を一から学ぶ。そのような努力をしてもリスクに見合う報酬が請求できるのだろうか。

その知識が次に利用できるのは10年後だろう。何しろ、2つの会社を経営している顧問先がない限りは必要のない知識だ。そして10年後には制度が変わってしまっている。

組織再編処理、40条申請、事業承継税制など、私達の仕事には辺境の業務が登場する。そのようなときには、それを専門とする税理士に任せてしまえば良いと思う。これは弁護士業界でも同じだ。貧困な弁護士はダボハゼのように何にでも食いつくが、それなりの事務所を構えた弁護士は、自分の専門領域でない仕事は、それを専門とする友人に紹介してしまう。弁護士業界には、弁護士を紹介者とする仕事は、それなりに多いのだ。

組織再編税制、一般社団法人、信託、40条申請、事業承継税制などの知識を持ち、講演会の講師を務める。優秀で、知識がある人達だと感心させられるが、それも違うのだ。新しい税法の登場は、そこで一旗揚げようとする人達の活躍の場になる。もし、安定した顧問先を、それなりの数について確保していたら、それ以上に組織再編税制を学習し、一般社団法人を学習して、書籍を出版し、講演会の講師を務めようとするだろうか。

1冊の書籍を完成させるには最低でも2ヶ月は執筆の日時が必要になり、原稿チェック、ゲラチェックと熱意を維持するのに苦労する作業が続く。そして、税法専門書は1500部も売れない。仮に、2000円の定価を付けて1500部を売り切った場合の印税総額は30万円でしかない。

いや、彼らを否定しようとは思わない。私自身が組織再編税制、一般社団法人、信託などの書籍を執筆し、講演会の講師も務めている。向上心、好奇心、自己啓発は成長の原動力だ。しかし、それは私の本業ではない。本業は開拓し尽くされたベーシックな民法や税法の知識の活用だ。

それはほかの方々にとっても同様だろう。人生という限られた時間（資源）を有効に活用するのが上手な生き方だ。辺境の知識を語る方々と競う必要はない。税理士だから税法の全てについてプロ。そのプライドを捨てる度胸を持つことが、複雑化した税法を上手に使いこなす知恵なのだと思う。

第57 課税所得と立証責任

課税所得の存在について立証責任を負うのは課税庁だ。そのような議論があるが、これは間違った理解だ。

民事訴訟であれば、仮に、金銭の貸し付けの事実を立証すべきは契約当事者である貸主だ。契約に現実に関与し、貸し金を請求するのだから立証責任を負うのは当然だろう。貸し金の弁済を主張するのは現実に金銭を返済した債務者だ。契約にあらざる不法行為についても立証責任が登場するが、それは車に轢かれた被害者が事故と損害を立証するという意味で当事者の責任であることに違いはない。

しかし、他人間で行われた売買、贈与、賃貸借などについて、取引に関与しない課税庁に立証責任を負わせるのは不合理だろう。他人が密室で行った取引について、その事実の存否を課税庁は知ることはできない。仮に、私が、今日、受け取った報酬、あるいは購入した書籍についての事実を豊島税務署長が立証することは不可能だ。

強制調査権があるので立証は可能ではないか。しかし、課税庁が持っている強制調査権には限界がある。警察のように身柄を確保し、23日間について逮捕・勾留し、弁護士の立ち会いもないままに一方的に質問し、責め立てることが許されるわけではない。

要件事実と立証責任。その意味を知らない人達は、これを優れた制度と認識するようだが、逆に、劣った制度と定義するのが正解だと思う。仮に、30歳の裁判官が判断しても、60歳の裁判官が判断しても同じ答がでなければ裁判制度は成り立たない。しかし、現実の社会で30年間の成長が問われない判断基準はあり得ない。人は成長するのだ。

多様な条文を要件事実に分解し、原告が立証すべき事柄と、被告が主張すべき事柄に区分する。そして自己が主張すべき事柄について立証できない場合は、その事実は存在しないものとみなす。つまり、金銭を貸し付けても、借用書を作成しない限り、貸し付けの事実は認められず、返済をしていても領収書の保存がない限り、返済の事実は認められない。要件事実という手法を導入することによって社会経験や人物を見る目を必要とせずに判決が書ける裁判制度が完成した。

仮に、痴漢事件、これを立証すべきは被害者なのか、加害者なのか。痴漢をしていないという事実を立証させる。立証責任という概念を持ち出すから痴漢冤罪事件が登場し、その解決策さえも思い付かないのが刑事訴訟の現実だ。

複式簿記などの優れた会計システムと、それに関与する優れた人達。その人達の真摯な議論によって真実が発見される。それが裁判手続などよりも格段に優れている税務の現場だ。

立証責任などという子どもの議論をなしてはならない。

第58 マシュマロ・テスト

４歳の子の目の前にマシュマロを置く。そして「20分だけ食べずに待っていたら、もう１つマシュマロをあげる」と約束する。さて、子ども達は食べずに待っていることができるのか。３分の２の子達は我慢できずに食べてしまい、２つ目のマシュマロを手に入れたのは３分の１だけだった。これがウォルター・ミシェル教授の「マシュマロ・テスト　成功する子、しない子」（早川書房）だ。

この実験を有名にしたのが長期の追跡調査の結果だ。

マシュマロを食べずに我慢したグループに属する子達は、そうでない子に比較して大学進学適性試験（ＳＡＴ）の点数が良かった。25歳から30歳の時点では肥満指数が低く、社会への適応性が高かった。

なぜ、２つのマシュマロが貰える20分が待てないのか。やはり４歳の子ども達だと思う。

しかし、これは子ども達だけではなく、世の中にはマシュマロを先に食べてしまう高齢者も多いのだ。

仮に、国民年金の受給開始年齢だ。65歳から支給される年金を、70歳まで我慢すれば、毎月の支給額は42％の増額になる。低金利の時代に１年間で８・４％も増額されるのだから驚くほどに有利だ。しかし、70歳の受給開始を選択するのは受給者全体の１・４％にすぎない。

「死んでしまえば貰えなくなってしまう年金なのだから先に貰った方が有利」。そのように語るが、しかし、死んでしまえば不要になってしまうのが年金だ。生き残ってしまう場合に備えて先送りする方が有利とは考えないのか。65歳からの受給と70歳に先送りした場合の受給総額の有利不利は誰にも判断できない。何しろ、死亡時期は誰にも判断できないのだ。

これはマシュマロ・テストと同じ理由なのだと思う。貰えるものを我慢することができない幼児の心だ。

奨学金利用者、いや、その両親の判断にも言える。大学生の51・3％が利用している貸与型の奨学金。地方に住まう人達が子を東京の大学に進学させ、家賃、生活費、学費、それに小遣いまで負担するのは大変だ。しかし、東京に住まい、自宅から大学に通う学生の中に奨学金を利用しなければならない両親が、はたしてどの程度存在するのか。これもマシュマロ・テストと同じ理由だとも思う。無利息のカネを使っても損はないし、目先に無利息のカネがあるのなら利用しなければ勿体ない。その判断が奨学金破産の予備軍を生む。

4歳の子に限らず、先にマシュマロを食べてしまう人達は多い。多様な場面で判断を要求されるのが人生だ。その選択について有利と思える判断が、マシュマロを先に食べる判断だとしたら悲しい。

第59 借家人に対する保護が必要

NHKテレビで「AIに聞いてみた　どうすんのよ!?ニッポン」という特集をしていた。多様な相関関係をAIに計算させ、日本の少子化の理由や貧困対策を分析していたが、そこで目に付いたのが次のような分析だ。

「その結果、日本を変えるカギを握っているのが、高齢者でも子どもでもなく、『40代ひとり暮らし』であることが判明。労働時間や老後の介護、空き家問題などを良くするのも悪化させるのも、『40代ひとり暮らし』の人達の選択にかかっていることが見えてきた」。

この解消に必要なのが家賃の減額で、1坪について1000円の値下げで40代の独身者が15%も減少する。つまり、家庭を築けるようになるのだ。1坪1000円であれば、20坪でも2万円、10万円の家賃を8万円にすれば良いだけのことだ。なぜ、これだけのことで40代の独身者が減らせるのだろう。しかし、それがAIの分析なのだから疑っても仕方がない。

私も、家賃は究極の不合理と思っている。月収のほぼ3分の1が家賃として支払われるという分析も聞く。持ち家の取得については住宅取得資金贈与や、住宅ローン控除など優遇策がてんこ盛りだ。さらに、小規模居住用宅地の評価減など、住宅を持ち続けることについての優遇策もある。しかし、借家人についての税法上の優遇はゼロだ。なぜ、借家に住まう究極の貧乏人に対する補助がないのか。なぜ、日本は持ち家政策を推薦したのか。

地価が上がり続ける社会では持ち家こそが財産であって、その時代背景を受けて借家住まいを減らすことが目的になったのか。しかし、共働きの時代、家族構成の変化への柔軟な対応、転勤を不可避とするサラリーマン生活、リストラ、非定期雇用の社会では、亀の甲羅（持ち家と住宅ローン）を背負う生活は重すぎる判断だ。貸家に投資する人達と、借家に住まう人達の役割分担こそ合理的と思える時代だ。

持ち家こそが財産という政策も、本音は別のところにあったのだと思う。30年分の稼ぎを当てにした住宅ローンという借金による需要創造政策。土地需要によって地価は上昇し、土地所有者の含み益を増やし続け、建築需要によって多様な商品が買われて、日本のＧＤＰを増やし、景気を上昇させる。そのような昭和の経済では借家に住まう人達を優遇する必要はなかった。

しかし、時代は変わったのだ。家賃控除などの制度を導入し、支払った家賃について、仮に、10万円を限度にして所得控除を認める。そうすれば無申告で潜ってしまっている不動産所得をあぶり出すことができる。税収は、減額ではなく、増額になっているかもしれない。社会の変化について柔軟に対応し続けた税法だが、借家については無策だ。

第60 単純なミス

100万円を儲けた。

弁護士業ではどうでも良い儲けだ。これは税理士業でも同じだろう。しかし、100万円を損したときは落ち込む。それが自分のミス（失敗）で損をした場合であればなおさらだ。

100万円の儲けと、100万円の損失は等価だ。しかし、実感として100万円の儲けは100万円の嬉しさだが、100万円の損失であれば300万円を損したほどの精神的ダメージを受ける。なぜなのか。自分の中で100万円の儲けはどこかで必然と思いがちだが、100万円の損失は自分の馬鹿さを思い知るからだと思う。つまり、金額の問題ではないのだ。

第三者との関係で出現したミスであれば、他人に馬鹿が見えてしまう屈辱感もある。密室でのミスであれば、仮に、100万円を失っても、それほど落ち込まないと思う。だから、株式投資で損をした人達は、自分の損失を密室に仕舞い込み、誰にも語らない。

さて、自分のミス（失敗）をどのように解消すれば良いのか。

馬鹿なるが故の損害ではなく、理由がある損害だと根拠(言い訳)を探す。無価値な失敗ではなく、教訓になる失敗だとマイナスを相殺する成果を探す。従業員のミスなどと、他人に原因を転嫁する人達もいるだろう。

なぜ、誰でも分かるような単純なミスをするのだろう。おそらく、これは発想が逆なのだと思う。常にミスは単純なのだ。複雑なミスなどは、おいそれとは出会わない。小学生でも気が付いたはずのミスをしてしまった。そのように落ち込むこと自体が原因と結果の入れ違いだ。ミスは露見してしまえば、常に、単純な理由であって、後知恵で自分を責めることは間違いだと思う。

誰でもが単純なミスを繰り返しながら生きている。ただ、それを語らないだけだ。ミスをしない人間は、仕事をしない人間だけだろう。小さなミスが生じることを前提に、それを大きな損害に繋げないことが重要だ。

では、ミス（失敗）を防止することが可能か。自分自身を思い返してみれば、ミスの原因は、全て自分の個性から出現していたように思う。自分の心が偏っていないか。それを教えてくれるのが小さなミスという神の啓示だ。しかし、個性を知ったとしてもミスを防ぐことが可能だとは思えない。そのような偏り自体が自分自身のアイデンティティなのだ。

自尊心、自負心、自惚れ、正義感、競争心、最後の詰めの甘さ。自分であることとミスは同義語なのだと思う。誰でも、自分の個性から出現する小さなミスを繰り返しながら生きている。だからロボットはミスをしない。そして、組織はロボットのような人材を求める。小さなミスを繰り返す自分を愛おしもうではないか。

第61 第4次産業革命と税理士

日本経済新聞（平成29年11月25日朝刊）の「大機小機」に第4次産業革命という言葉が紹介されていた。第4次産業革命の意味をネットで確認すれば、おおよそ次の内容だ。

第1次産業革命は19世紀のイギリスで出現した蒸気機関による「人力」から「機械化」への移行。第2次産業革命は20世紀の米国で出現した電力の利用による「大量生産」。第3次産業革命は20世紀後半に発生したコンピュータによる生産の「自動化」で、製造ロボットが出現し、工場ラインに並ぶ労働者が不要になった。熟練工の時代が終わり、生産設備さえ手に入れれば、中国でも自動車やコンピュータが作れる時代だ。

そして第4次産業革命はオフィスの自動化だ。それ以前には会社には大量の経理社員が存在し、銀行にも大量の窓口職員が存在した。いま、多様な数字は現場で入力され、預金はATMで出し入れする時代だ。米国発の情報として、AIで税理士が不要になると騒がれているが、これは経理社員のことだろう。そもそも米国には税理士という職業は存在しない。

そもそも第4次産業革命をもっとも早く受け入れたのは税理士だ。手書きの元帳からオフコン会計に乗り換え、パソコン会計、税務申告書ソフト、電子申告と事務作業の電算化をいち早く取り入れた。税理士業の基本は別表4と5の作成だから、さらなるAI化が可能なのであれば、電子知能を持ち出すまでもなくAI

化は完成していたはずだ。雑多な中小企業の事業内容をＡＩでも可能な形に標準化することは容易ではない。ただ、税理士業が、第４次産業革命から無縁かというと、そうとは思えない。事務作業の合理化は、第４次産業革命の前半部分であって、次には知識、情報、経験、ノウハウのオープン化が訪れる。いや、既に、そのような時代になっている。有料の出版情報として提供されていた通達集は全て無料の電子情報になり、タックスアンサー、質疑応答事例、法令解釈の情報、文書回答事例、裁決事例集も無料で公開されている。さらに、Googleで検索すれば信頼できる同業者の解説が容易に手に入る。専門家が財産としていた情報の価値が失われる時代だ。専門家が知識を語っても、その信頼性はGoogleで直ちに検証されてしまう。

過去は分析できるが、未来を語るのは容易ではない。語れる未来は直ちに実現してしまうからだ。それでも、あえて未来を語れば、知識を語る時代ではなく、平穏、経験、人生を語るべき時代だと思う。部品人間はサラリーマンに任せて、自己責任で生きてきた私達は、人生の指針を語る存在にならなければならない。そして第５次産業革命の到来を楽しみながら待とうではないか。

第62　2倍の資産格差は3倍の生活格差を生じさせる

買値に2倍の差がある20坪と40坪のマンション。これは2倍の広さではなく、3倍の広さを作り出す。玄関、トイレ、バス、キッチンなど最低限の面積として10坪が取られてしまうので、20坪のマンションに許されるのは残りの10坪だ。しかし、40坪のマンションであれば残りの30坪が自由に使える。

投資効率としては40坪のマンションは、20坪のマンションに比較して3倍も有利だが、それができないのが手元の資金による制約だ。つまり、誰もが経済的合理的な投資ができるわけではない。自ずから生じる投資能力の差が経済的合理的な投資を制約してしまう。

通勤時間についてもいえる。仮に、東京駅から30分と1時間の通勤距離に住まう場合の比較だ。往復での1日に1時間の違いは1年で200時間のロスを生じさせる。時間給で計算すれば一生に失う金額はマンション1つ分ぐらいに相当してしまうはずだ。マンション1つ分のロスを利用し、可能な限り、勤め先に近いところに住まうのが合理的な投資理論だが、ここでも手元の資金による制約が生じてしまう。

多くの人達は、1日に1時間又は2時間の残業時間を過ごす。しかし、2時間の残業は24分の2ではない。1日は24時間だが、そのうちの8時間は睡眠の時間だ。さらに働く8時間を差し引けば、残された自由な時間は8時間でしかない。2時間の残業は、24時間のうちの2時間を奪うのではなく、8時間のうちの2時間、つまり、自由に利用できる時間の4分の1を奪ってしまうのだ。しかし、その残業手当が生活の糧になっている人達も多い。

それでも、働く8時間が自分にとってのクリエイティブな時間であれば、それは自由な8時間に加えられる。しかし、8時間をクリエイティブな時間として過ごせるか否か。そこでも資産格差の影響が生じてしまうように思う。資産にゆとりがあり、自分の好きな仕事に就ける人達と、生活のために、日々、給料を稼ぐために働く人達との差だ。

ピケティ教授の経済論が騒がれている。資本の収益率は、賃金の成長率より高く、資本から得られる所得は労働から得られる所得よりも早く成長する。必然的に労働者は貧困化するという指摘だが、そのような長期的な分析を待つまでもない。

人生を始めるに際しての資金力の差が、その後の何倍かの生活格差を作り出してしまう。努力では超えられない格差の存在だ。そのような時代に価値を持つのがカネを持つ親だ。スタート時の格差は親の資力によって生じてしまう。

子ども達のために頑張ろうではないか。自己責任などというのは力のない親の言い訳でしかない。

第63　全力をもって日本陸軍と戦い

「日本海軍は全力をもって日本陸軍と戦い、その余力を持って米英と戦う」

先の大戦時に言われていたことだが、これは私達の仕事にも通じる格言だ。つまり、「全力をもって自分の身を守り、その余力をもって顧客に役立つ」。そのように言ってしまったら顧客の信頼を失うかもしれない、無責任な専門家と批判されてしまうかもしれない。しかし、これが税理士の生き残りのコツであり、これこそが顧客に役立つ税理士の立ち位置だ。

私達は、役立つことを存在価値として、さらに同業者に対して自分の優秀さを競う根源的な欲求がある。知識を実行してみたい欲求を持ち、確信が持てる処理を実行するのは当然だ。しかし、そこに10％のリスクが存在しないだろうか。裁判が提起され、損害賠償請求の被告になるリスク。これが3％でも存在したら、まさに酔っ払い運転、無謀運転の部類になってしまう。１２０％の安全を心がけるのが、他人の人生を預かる専門家の判断基準だろう。

そのためには、全ての判断は、知識としてではなく、実感として理解することが必要だ。しかし、しょせん、他人の財産に関する判断。医者が患者の痛みを実感できないように、私達に依頼者の人生についての実感が理解できるはずはない。

そこで必要なのが自分自身のリスクを恐怖として感じる実感だ。この処理が否認された場合に、私は、どのような立場になり、どのような非難を受け、顧客に対して、また、仲間に対して面目が立つのだろうか。気の小さな専門家として非難されてしまうだろうか。「私は逃げずに、挑戦する」と語っていた専門家に聞いたことがある。「損害が生じた時は税理士が負担するのか」と。それでは顧客のリスクのもとに行う税理士の勇気でしかない。そもそも顧客にリスクを背負わせることは正しい判断ではない。それを実感として自分の中に取り込むのが「全力をもって自分の身を守り、その余力をもって顧客に役立つ」という立ち位置だ。

実感で理解すれば、１００万円の税額、１０００万円の税額、１億円の税額の違いが理解できる。単なる数字ではなく「俺に責任が取れる金額だろうか」という実感だ。

経営者は１００に80の勝算があれば突き進むだろう。それに対して私達の判断基準は１２０％だ。そこで役立つのが「経営者は全力をもって自分の財産を守り、私達は、全力をもって自分の人生を守る」という役割分担だ。経営者と二人三脚などと浮かれていたら二人して転んでしまう。自分の利益のために走るのは経営者であって、一緒に転ぶのは専門家の義務ではない。そして、自分の身が守れない専門家に、依頼者の利益が守れるはずがない。

第64 無いモノを作る

無いモノを作ってきた。まず、会社法の導入時に勉強仲間の税理士と執筆した『徹底解明 会社法の法務・会計・税務』（清文社）という1冊だ。会社を設立するについて株式会社にすべきか、合同会社か、いや、合名会社か。資本金は幾らか、取締役会を置くべきか、事業年度はいつにすべきか。これに答えられるのは弁護士ではなく、税理士だ。会社法の専門家、少なくとも中小企業の会社法の専門家は弁護士ではなく、税理士なのだ。それを正面から主張した1冊だ。

1000件の相続が発生したら、そのうちの300件には税理士が関与する。相続争いになって弁護士が登場するのは30件を下回るだろう。民法相続編の経験数は税理士の方が遙かに多く、相続案件の処理には税法は不可欠な知識だ。その知識を整理したのが『税理士のための相続をめぐる民法と税法の理解』（ぎょうせい）で民法3分の1、税法3分の2の割合で逐条解説した。

次が『一般社団法人 一般財団法人 信託の活用と課税関係』（ぎょうせい）だ。勉強仲間の税理士による1冊で、一般社団法人も、信託も、法律ではなく、税法だという視点。さらに、一般社団法人、一般財団法人、信託の利用場面は重なり合い、税法を意識してこそ利用できるのが、これらの知識であることを解説した。ここから一般社団法人と信託の講演会ブームが始まった。

そして、『立法趣旨で読み解く組織再編税制・グループ法人税制』と『組織再編税制をあらためて読み解く』（ともに中央経済社）という2冊だ。完全支配要件、支配要件、共同事業要件という要件の説明で終わる組織再編税制について、「なぜ」を解明した。どのような法律であっても立法趣旨で語らない限りは合格答案は書けない。

『税理士のための百箇条』『続・税理士のための百箇条』（ともに財経詳報社）。そして本書の『続々・税理士のための百箇条』だ。誰でも当たり前だと考えているが、それが意識化されていない事柄を、誰も語ったことがない視点と知識で書いているつもりだ。

コラムを書く、論文を書く、書籍を執筆し、仕事をして、講演会の講師を引き受ける。その全てについて「無いモノを作り出す」という気持ちで対応してきた。私の本業は弁護士業だが、原告と被告が喧嘩をしてゼロサムゲームを実践する。そのような訴訟手続からは付加価値は作り出せない。第3の解決策を模索するからこそ「無いモノ」を創り出すことができる。そして、いま訴訟を起こさない法律事務所を経営している。

「有るモノ」を、詳しく、詳細に説明するのは職人の仕事だ。仮に、ゴッホの絵も、いまの藝大生であればゴッホよりも上手に描けると思う。しかし、「無いモノ」を創り出すから芸術家であり、先駆者なのだ。だから私が生きている価値があり、君が生きている価値がある。

第65 人生を積み上げる

私が社会に参加した昭和の時代。もちろん、自分の老後など意識したことはなかった。ただ、60代で仕事を辞め、70代で寿命を迎えるのが一般男性の人生だという当然の前提があったと思う。

しかし、いま、男性の寿命は80代、女性の寿命は90代に延びてしまった。「人生100年時代構想会議」は、現在10歳の日本人のうち半数は107歳まで生きるというデータを示した。60代では、もはや老後とはいわない。親に育ててもらう30年、子どもを育て、仕事に励む30年、それらノルマから解放された30年。70歳までの寿命を想定していた人達が、60歳からの30年間の人生を意識することになったのが平成の時代だ。

さて、60歳からの30年、どのような人生を過ごすか、どのような人生が過ごせるか。そこに登場するのは努力し、成功した人達だろう。最初の30年で30%が脱落し、次の30年で30%が脱落して、残るのは30%というのが現実の人生だ。最初の30年の努力、次の30年の頑張りが、その後の30年の平穏を生む。

これからの時代に登場する豊かな顧客層は、勝ち残ってきた残りの30%の人達だ。働く30

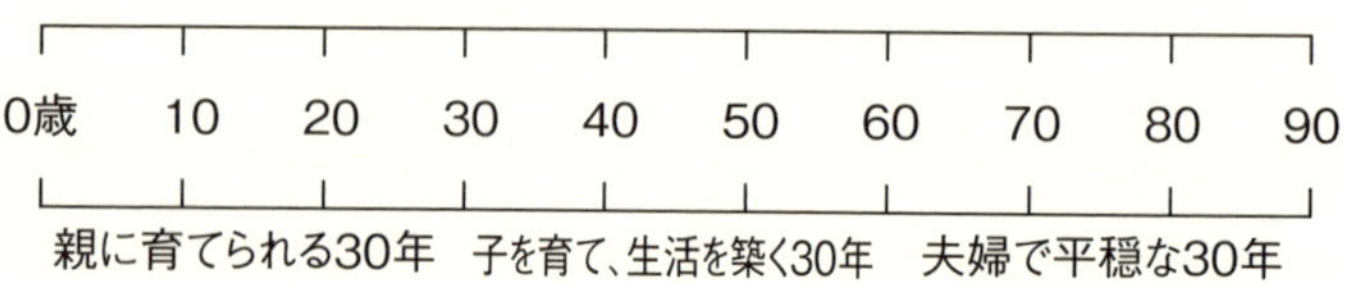

年を顧客にした昭和の時代を終えて、60歳からの豊かな人達を顧客にする平成の時代に変質した。30年ローンでマイホームを購入した30代の顧客が中心だった昭和の時代から、デフレの時代に蓄えた豊かな手持ち資金で自宅を建設する60代の顧客の時代に変質している。

そして、この視点は自分自身についても必要だ。

さて、どのような生活が築けるか。

誰も、経験したことしか語れない。いままでの人生でも多様な出来事はあったが、60歳からの人生にも新たな事実が登場する。仕事を辞めた後の時間の管理、健康問題、家族に先立たれる不幸。しかし、これは心配がないのだと思う。

そこでサラリーマンと私達の仕事の違いが登場する。いや、定年がないという意味ではない。私達は、常に、自己責任で人生を築いてきた。どのような仕事をして、どのような事務所を構え、どれだけの収入を得て、資産を蓄えるか。それらは全て自己責任だった。30代、40代、50代と自己責任で生活を築いてきたのに、なぜ、60代、70代、80代で自分では人生を築けないと怖れる必要があるのか。会社に人生を築いてもらった人生と、そこが違うのだ。

第66 死ぬための準備

死ぬための準備の相談を受けることがある。

葬式の準備ではなく、相続対策、相続税対策、事業承継の相談だ。

これは生き方についての勘違いだと思う。

私は、賃貸業がサイドビジネスだ。いや、私が経営しているわけではなく、私は投資をするが、経営は妻の担当だ。同族の管理会社があって妻が代表取締役になっている。30代の頃、私が病気、あるいは死んでしまう場合の予備プランとして賃貸物件を取得した。稼ぎで頭金を支払い、もしもの時は生命保険金で残金を弁済する。それで妻と子ども達の最低限度の生活は確保できる。

ところが、私は、死ぬことも、大病することもなく生き残ってしまった。そこで問題なのは築30年を経過した賃貸物件の処遇だ。いま、オリンピックバブル、円安バブル、相続税対策バブルで中古物件の取引価額は急騰している。既に、子ども達は自立して、予備プランが不要になった現状において、この物件を売却してしまうべきか否か。賃貸物件の管理を面倒に思う年齢になる前に、物件を処分し、現金に入れ換えておくべきか。そうであるならいまは売り時だと思う。

しかし、それは違うのだ。そのような発想は「死ぬための準備」にすぎない。多様なアドバイスが「死ぬための準備」になってはいないだろうか。相続対策として遺言書を作成し、相続税対策として小規模宅地狙いの財産の組み換えをする。さらに事業承継と称して社長を退任し、退職金を受け取って、息子に社長の地位を譲る。しかし、死ぬ時期など、誰にも予想できないし、事業経営者の退職年齢など想定する必要はない。

これがサラリーマンであれば、55歳で役職定年になり、給与が減額されるのと同時に重要なプロジェクトからも外される。60歳で定年を迎え、多くの企業では再雇用されるが給与は半減し、1年契約の更新になる。つまり、会社が死ぬための準備をしてくれる生活だ。

しかし、事業経営者や、私達の仕事に退職年齢はない。男であれば75歳、女性であれば85歳と語っていたこともあるが、しかし、それは50代で語る人生観だろう。70歳になったら80歳の定年を語り、80歳になったら90歳の定年を語れば良いだけの話だ。そんなことを心配しなくても、耳、目、腰、膝の故障として、いずれ迎えが来るはずだ。

「だから、あすのことを思いわずらうな。あすのことは、あす自身が思いわずらうであろう。一日の苦労は、その日一日だけで十分である」。それがイエスの教えだ。明日のことは、明日になってから考えれば良い。先走って「死ぬための準備」など行う必要はない。いま１００歳まで生きる時代。必要なのは「死ぬための準備」ではなく、「生きるための準備」だ。

第67 一神教を説く

なぜ、ユダヤ人は金持ちなのか。

そのように家族に問われた。

シェイクスピアに登場するシャイロックのカネに対する執着か、迫害を受け続けた歴史か。違うと思う。あの宗教の強固な原理原則が理由なのだ。家庭の構築、子どもの教育、自分を律する宗教的な信条など、原理原則を絶対に譲らない人達だ。

その原理原則は紀元前2500年頃に構築された神との契約にある。殺すなかれ、盗むなかれ、偽証するなかれ、姦淫するなかれ。日本では江戸時代になってやっと構築された道徳律が4500年も前に完成している。旧約聖書（トーラー）は神との契約であって、仮に、姦淫した場合は、妻が許しても、神が許さない。「神が与えた普遍的な道徳律という概念をこの世にもたらしたのはユダヤ教であった」と他の宗教に対する優位性を主張する。それがユダヤ人が迫害された理由だとデニス・プレガー（『ユダヤ人はなぜ迫害されたか』ミルトス）は説いている。

ユダヤ教から登場したのがキリスト教とイスラム教だ。イエス・キリストはユダヤ教のラビだが、「あなたがたの中で罪のない者が、まずこの女に石を投げつけるがよい」（ヨハネによる福音書）と、イエスは姦淫した女の罪を許してしまった。キリスト教は他者を許す宗教だ。

イスラム教では「実際に判断を下すにあたって最強の論拠とされるのは『神の言葉』たるコーランであり」「神は人間を創造する前から総てを知っている」。「イスラム教では、ものごとの善悪、正否の判断基準は神」であって、「神の恩恵であるイスラム教が、人間の産物である民主主義に優越するのは、彼らにとっては『当然のこと』だと考えている」(『イスラム教の論理』飯山陽著　新潮社)。

3つの宗教は共に唯一の創造主を信じる一神教の世界だが、現実社会との関わりは大きく異なる。ユダヤ教とキリスト教が、宗教を精神社会の問題として現実と切り離しているのに対し、イスラム教は「宗教は現実の生活で実現される必要がある」と考える(『イスラームの歴史』カレン・アームストロング著　中央公論新社)。現実の生活でハラール、ヒジャブ、ラマダンを守るのがイスラム教徒の生活だ。

いや、これらは私の定義であり、そもそも宗教を一言で説明することは困難だろう。宗教を信じる人達でも、そこには強弱があって、誰もが旧約聖書の世界に住んでいるわけではない。

世界の思想と政治を知るためにはユダヤ教、キリスト教、イスラム教の理解が不可欠だ。さらに自分自身の生活を構築するためには、法律、経済、経営のほかに、哲学や、これら宗教が教える思想の理解も不可欠だ。今回は、戯れ言として1頁で理解する一神教の世界を紹介してみた。

第68 法学部を理系に置く

法学部を理系に置いて、医学部を文系に置く。

これが私の持論で、その理由は法律は理屈で作られた学問だということにある。

弁護士が民法の議論をする。その場合に「ああ決まっている、こう決まっている」という議論はしない。立法趣旨に遡って理屈の議論をするのが法律家だ。如何に緻密な法律を作ったとしても森羅万象の社会現象の全てを条文でカバーすることはできない。法律を制定した時代と、その後の時代の変化もあり、法律相互の矛盾もある。その隙間は理屈で埋めなければならない。

仮に、消滅時効を例にすれば、商品代金（売掛金）の消滅時効は２年だが、売掛金の支払いのために発行された約束手形の消滅時効は３年だ。では、手形の所持人は３年について手形金を請求することが可能なのか。仮に、土地の取得時効と登記の対抗要件の問題だ。20年間の占有によって取得時効が成立するが、その20年の間に土地名義人が第三者に移転登記をしてしまった場合でも取得時効が主張できるのか。あるいは20年を経過した後に移転登記がなされた場合でも取得時効が認められるのか。それら全ての場合を予め条文で定めておくことは不可能だ。

これは税法についても同様だ。そして基本になる税法の理屈は整合性だ。Ａという方式を採用した場合と、

Bという方式を採用した場合は、結果が同じであれば、同じ税負担になる。それが税法の理屈だ。そうでなければ手段の選択（租税回避）を許してしまう。

税法の理屈は数学の方程式に似ている。なぜ、自己株式として買い取ったら売主は譲渡所得ではなく、配当所得になるのか。それは次の方程式の結果だろう。「配当＝残余財産の分配＝自己株式の買い取り」。つまり、会社から内部留保を株主に払い戻す場合は配当所得と認識するという理屈だ。

それに対し、医学部は文系に向いているように思う。喫煙とガン発生率が男性では１・６倍、女性では１・９倍になると報告されているが、これは理屈で証明された事実ではない。男女４万人からアンケートの回答を得て、その後10年間の追跡調査を行った疫学的な研究の成果だ（国立がん研究センターの調査報告）。生命も、身体も、精神も、理屈で解明されたものは１つもない。疫学的な方法でしか因果関係が証明できないのが医学なのだから、文系においても支障はないと思う。

税法は条文を読み、要件を記憶する学問ではなく、「なぜ」から思考を始めるべき学問だ。もし、法学部を理系に置いたら、税法の理屈にも磨きがかかり、理屈で作られた税法の理解が完成すると思う。法学部を理系に置き、医学部を文系に置く。その主張に賛成していただけるだろうか。

第69　二重の推定

印紙税対策として「契約書はコピーでも良いか」という質問を受けることがある。法律上は契約書の原本が必要であり、不要な場合もあるのだが、そのような微妙なニュアンスを伝えると「何を言っているのか分からん」という反応が返ってくる。そもそも法律とは禅問答のようなものなのだ。

原本と謄本（コピー）の区別は、謄本が手書きだった頃に作られた法律の名残だ。大昔、戸籍謄本を申請すると、町役場の職員が戸籍の原本を手書きで書き写してくれた。それが戸籍謄本なのだが、その真正を証明するために「これは謄本です」という戸籍係の署名押印が必要だった。

では、そもそも、なぜ「原本」が必要なのか。

裁判は、二重の推定で成り立っているからだ。

書面に本人の印影がある場合は、その印影は本人の意思で捺印されたとみなされ（第1の推定　最高裁昭和39年5月12日判決）、次に、本人が捺印した書面は本人の意思で作成されたとみなす（第2の推定　民事訴訟法228条）という二重の推定だ。

この禅問答を具体的な事案に当てはめると次のようになる。

私が経験したのは、登記の抹消に使用すると騙されて何枚かの白紙に署名押印したところ、その1枚が

「贈与契約書」として作成されてしまった事件だ。この「贈与契約書」は、二重の推定で本人の意思に基づいて作成されたと認定されてしまう。本人の印影（第1の推定）があれば、本人の意思で作成された贈与契約と推定（第2の推定）されてしまうのだ。

裁判所は、第1回期日で「本人の印影」であることを確認した上で、「では、贈与契約は立証された」と宣言した。白紙に押印を貰えば裁判所で贈与契約が認定されてしまうのだ。

逆に、借金が踏み倒されてしまった事案も扱った。債務者が、借用書の印影は自分の印鑑に基づくものではないと主張したのだ。第1の推定が否定されれば借用書は証拠価値を失う。これが契約書に実印が要求される理由だ。実印であれば、印鑑証明書を入手することで本人の印影であることが証明できる。

しかし、写真型のコピー機が登場して法律の前提が狂ってしまった。写真型のコピーは、手書きの場合と異なり、原本の存在を示すに十分な証明力がある。しかし、法律は、手書きで複写していた時代のルールに従って現在も原本を要求する。そして、裁判所では「書証の成立は認めますか」という手書き時代の言葉がやり取りされている。

原本が必要なのは、相手の印鑑によって捺印された事実（第1の推定）の証明のためだ。さて、第1の推定が必要になる契約なのか。それが契約書の原本が必要か否かの印紙税の回答になるのだが、そのような禅問答を理解してくれる人達は少ない。

第70 生活費から報酬を支払う

成年後見人に選任される税理士は少ない。

税理士は法律家として認められていないのか。そのような意見を聞くが、それは勘違いだと思う。税理士は恵まれていて、あえて成年後見人を引き受ける理由がないのだ。

顧問料収入が保証された税理士の事務所経営は、事件報酬だけで成り立つ弁護士や、登記申請の度に手数料を請求する司法書士にはうらやましくて仕方がない。低額でも良いから保証された収入が欲しい。なぜ、税理士は顧問契約なのか。税理士という仕事が顧問料である必然性はなかったと思う。税理士業界に顧問料という慣行を育ててくれた先輩諸氏の先見の明に感謝したい。

私自身、法律事務所を経営し、それなりに儲かるのが弁護士業だが、いつも、来年の売上を心配していた。どんな小さな法律事務所でも年間4000万円、5000万円の売上は必要だ。それを30万円、40万円の着手金で稼ぎ出すことは不可能なので、一年に1件や2件は2000万円、3000万円を超える報酬が必要になる。さて、来年には、そのような大口の事件が持ち込まれるだろうか。訴訟額で2億円、3億円を超える事件なのだ。

そして、税理士報酬には税法的な錬金術が存在する。多様な支払いも必要経費に算入できれば実負担は半額になるのだが、成年後見人への支払いは必要経費には算入できない。つまり、取引は次の4つに分類される。

成年後見人の報酬は①なので税引き後の手取りは2分の1になってしまう。税理士の顧問報酬は②なので、支払い側も、受領側も実負担は同額だ。結婚祝いや香典は、事業上の付き合いなら③に該当して2倍になり、身内間でやり取りされる場合であれば④に該当する。

生活費という財布から後見人報酬を支払うのは容易ではない。事業収支という財布から支払い、かつ、必要経費に算入される5万円と比較したら、負担感は10倍になってしまうと思う。

税理士は、なぜ、成年後見制度に参入しないのか。そこには顧問料というビジネスモデルと、税負担の違いという2つの理由がある。税理士という商売の有利さを再認識していただけただろうか。

	支払い側	受領側	税引き後の支払額と手取額の比
①	—	課税される収入	2分の1
②	必要経費	課税される収入	1倍
③	必要経費	—	2倍
④	—	—	1倍

第71　税理士試験にはドラマがある

医学部に進学し、あるいは司法試験を受験する。そこにはドラマはない。親が医者だったから医学部に進学し、成績が優秀だったので法学部を目指し、司法試験を受験したのだろう。しかし、税理士試験は違う。多くの人達は、税理士試験に敗者復活戦として挑戦し、そして勝ち残ってきた人達だ。

税理士試験の受験にはドラマがある。それをテーマに仲間内に原稿を求めたら、30を超える原稿が集まった。それが某雑誌の連載になったのだが、思わず涙ぐんでしまう経験談が語られている。まず、私の場合であれば次のように語っている。

「その全てが日商簿記1級の合格体験から始まった。日商簿記1級に合格し、これでスタートラインに並べたという感激は今でも思い出せる。自分へのお祝いにバームクーヘンを買ったことも覚えている。あの感激に比較したら、その後の税理士試験、会計士試験、司法試験の合格は、なぜか、その場面も感激も思い出すことができない」

さらに4名の方の原稿を紹介してみよう。

「やっと勝ち得た合格。これは私にとって一生の財産だ。小学生・中学生と勉強をしなかった私は、学修とは何かを税理士試験で学んだ。社会に参加できる背骨になっているのは合格したという成功体験だ」

「合格発表日に震える手で官報を見た瞬間は、子どもが産まれた瞬間と並んで嬉しい出来事だ。合わせて『社会不適合者』のコンプレックスから解放されたと感じた瞬間でもあるし、やっと社会人としてのスタートラインに立った気がした。これからも『学ぶ喜び』を実感しながら、自己研鑽していきたいと思う日々だ」

「税理士資格をとる前は、男性社会に恨みに近い感情を持っていたがその感情はいつの間にか消えた。私が男性であったなら銀行勤めを続けていたであろうと思う。けれど女性であったが故に税理士試験に挑戦できた。経済的に家計を支えてくれる夫がいたから銀行を退職できたし、5年間勉強に専念できた。今は女性に生まれて、税理士になって良かったと思う」

「有名大学に通い一流企業に就職した人達になんとなく引け目を感じてきましたが、充実して仕事をするにつれて、そんな気持ちもいつの間にかなくなりました。仕事をしていても、合格してからは周囲の対応が変わりました。いつも今の自分が最高だと思えるように、日々成長し、仕事を続けたいと思っています」

今回は手抜きをして、全て、他人の文章を引用して一文を完成させていただいた。しかし、私が頭の中で作り上げる文章より、よほど税理士になった喜びを表現していると思う。

第72　これからの仕事の仕方

次の質問に「はい」「いいえ」で答えてほしい。

①　私は仕事をする上で、自分の最も得意なことを行う機会が毎日ある。

②　職場で自分の意見が考慮されていると感じる。

③　最近1週間で自分の仕事が褒められたり、認められたりしたことがある。

④　職場に親友がいる。

⑤　過去1年の間に仕事を通じて学び、成長する機会を持った。

日本経済新聞（平成30年1月29日朝刊）にあった「企業を蝕む熱意なき職場」の中の一文だ。おそらく、私達の同業者は5つ、あるいは4つ以上について「はい」と答えるだろう。では、他の職業の方の意見はどうだろうか。

「日本人の仕事に対する熱意はほぼ全ての調査で最下位クラス。ギャラップ調査では『仕事に主体的に取り組む人』は全体の6％にとどまり、世界139カ国の中で132位だった。米IBMが昨年発表した同種の調査でも、43カ国中42位で、日本より劣るのはハンガリーだけだった」

日本の強さ、つまり、大学を卒業し、可能な限り大きな会社への就職を目指す。そして終身雇用を期待して定年退職まで勤める。そのような人生設計が制度的に破綻していることはリストラという言葉を持ち出すまでもなく明らかだろう。しかし、それが精神的にも破綻していることを、このアンケートが物語っている。

さて、これからの働き方を、どのように構築すべきか。日本型の雇用契約の元で生きるのは生きづらそうだ。そうであるなら、私達が目指すべきは、その反対側の生活だろう。午前9時から午後5時まで制約される生活。毎日、職場に集合して一斉に仕事をするスタイル。部下と上司の関係にある人間関係。月曜日から金曜日まで働き、土曜と日曜日に休暇を取る生活。これらは古典的な生活と定義されるはずだ。

その変革の最先端のツールがパソコン、ネット、メール、スマホなどの器機の進化だ。私の場合であれば、いま、目の前にパソコンがなければ5分と間が持たない。しかし、目の前にパソコンがあれば仕事の場所は問わない。連絡の手段の全てはメールであって日時も問わない。情報はパソコン内とネットにあり、顧客との距離はゼロになる。土日も含め、朝の目覚めから夕刻の就眠時間まで常に仕事をしている。365日、24時間が働く時間だが、これは休憩の時間でもある。つまり、バラバラの時間をバラバラに利用する生き方だ。

組織、時間、場所、指揮命令から自由になり、決まり事に縛られず、自由に生きる。それが、これからの生き方だと思うし、私達の仕事ではそれが許されている。会社に勤めた人達の働き方を模倣する必要はないと思う。

第73 シンギュラリティの時代

ＡＩが人間の知性を超える。それをシンギュラリティ（技術的特異点）というそうだ。シンギュラリティの到来を予想する出版物が巷に溢れ、それへの準備を怠るのは時代遅れだと言わんばかりだ。

ＡＩがプロの棋士に勝つまでに成長した。しかし、ＡＩは「四則計算」「統計」「確率」のみの存在だ。中学生の棋士がプロに勝ち続ける。不思議な世界だが、おそらく将棋は暗算と同じ思考を要求するのだろう。エクセル１００枚分の条件式を上手に作り上げれば将棋の10手、20手先を読むことなど容易なはずだ。

人間の脳をＡＩが超えるというのはＳＦの世界だろう。脳の機能自体が全く解明されていないのだから、脳を模倣する機械が作れないのは自明の理だ。

では、脳の機能、つまり、意識とは何か。２０００年にわたって哲学者が議論し、生物学者が探求し、脳科学者に解明できない事象を論じてしまったら不遜だが、ＡＩブームは、逆に、意識とは何かを考えさせてくれたように思う。

意識とは何か、それが自我であると答えたのでは循環論にすぎない。犬には意識があるのか、蜜蜂には意識があるのか。もし、意識がないとしたら、それらは条件反射で生存しているのか。条件反射だとしたらできすぎだと思う。

そもそも人間の意識は何から生じたのか。その根源は欲求だろう。原始的な生存の欲求、生殖の欲求。これらを持つ生物には必然的に意識が生まれる。しかし、蜜蜂の意識は、そこに留まる。犬、猫などは、それらの意識を超えて人間とのコミュニュケーションを求める。つまり、人間からの承認を受けたいという欲求を持つように育てられた。いや、そのような欲求を持つ生物が人間のパートナーとして選ばれたのだろう。

さらに進化した人間は、より強い承認欲求を持つ。他者に認められたいという承認欲求の進化だ。蓄財、名誉、愛情と進化し続けた承認欲求が人間という生物の意識の根源だ。そのように考えれば生存と生殖の欲求のみを持つ昆虫にも意識があり、犬が人間になつくのかも説明できて、人間が他者との関わり合いを求めることにも説明が付く。それら欲求が、人間の意識そのものなのだ。

さて、コンピュータが欲求を持つことがあるのか。電源が切れることを怖れたのが『2001年宇宙の旅』に登場するHAL9000というコンピュータだが、SFでさえ欲求を前提にしないとストーリーが書けない。欲求がないところに意識は生まれず、欲求を持たないAIが人間を超えることはない。

AIは、人間とは何か、そのことについて哲学を進化させてくれるかもしれない。そこで素人として「人間とは何か」という哲学を論じてみた。

第74　自分と付き合う

誰でも多様な人達と付き合って自分を育てる。最初に付き合うのは両親で、次は兄弟だろうか。学校に通うようになれば先生と付き合い、友達とも付き合う。さらには多様な知識とも付き合い、良い書籍とも付き合う。良い学校に進学すれば知識のある友や、専門分野の知識とも付き合える。そのような付き合いの中で、一番に長い付き合いをするのは誰だろうか。それは自分自身だ。

友人との付き合いもいつの間にか疎遠になり、両親との付き合いもいつかは終わる。一番に長い付き合いになる配偶者とも24時間について付き合っているわけではない。しかし、自分自身とは、24時間、365日、一生について付き合っている。だから、自分の人生に一番に影響を与えるのは自分自身との付き合いだ。

もちろん、他人との付き合いでも多様な刺激を受け、人生に影響を与える付き合いもあるだろう。しかし、一時の付き合い、あるいは1ヶ月、1年の付き合いで自分の人生を変える付き合いなど小説の世界にしか存在しない。

誰でも、常に、自分自身と会話をしている。クールに理屈を考えている時間もあるが、妄想のように発想を膨らませることもあるし、他者との関係に不満を持ち、やっかみ、苛立ち、感謝するという思いもあるだろう。昼に考えることと、夜に考えることも違うし、楽しい経験を思い出すこともあるが、恥ずかしい経験を思い出して1人顔を赤らめることもある。常に自問自答している自分自身との会話が自分を育てている。

もちろん、自分自身に原因のないトラブルは常に存在する。電車の中でほかの乗客に絡まれる、仕事の上で嫌な客に苦情をいわれる。それは強風で街路樹の枝が落ちてくるのと同じ災難であって付き合いといえる関係ではない。

しかし、その一瞬にでてくる言葉や行動は偶然ではなく、自分自身から登場した言葉だ。その自分を育てたのは自分自身との長い付き合いだ。苛立ちを感じることがあったら、それは生まれてから一瞬たりとも縁が切れたことがない自分自身との付き合いに原因がある。

諍いを起こす自分、相続争いを起こす自分、家庭を壊してしまった自分。それは相手に原因があるのではなく、自分自身の個性が作り出した必然性だ。自分自身との付き合いの深さは個々人によって異なる。いつも、そわそわと常に自分の心を浮き立たせて自問自答している者、その付き合いの深さに比較すれば、他人との付き合いなど、それこそ一瞬のものでしかない。

いま、そこにある人生。それは誰かが作り上げたのではなく、自分自身との付き合いで育て上げた自分自身の個性の必然性だ。

だから全ての責任は自分自身にある。

第75 税理士は命がけ

税理士業は命がけだ。

なぜ、税理士に税理士業が可能なのか。

①税理士は数万円の顧問料で数千万円、数億円の申告業務のリスクを引き受ける。弁護士がリスクを引き受けるときには訴額の10％の報酬を請求する。だから慎重な仕事ができるが、税理士の顧問料はリスクに見合うのだろうか。②弁護士はトラブルが起きてから登場する。しかし、税理士は将来の事実を扱わなければならない。自分の処理が是認されるか否かが常に審査される仕事だ。トラブルが起きれば言い訳が必要になってしまう。

③見えない不安を探すのが税理士だ。配偶者への居住用財産の贈与について不動産取得税の説明を怠った。そのような話を聞くと流通税にまで注意が及ぶのかと我が身をふり返る。しかし、弁護士なら他人のミスを探して損害賠償請求をすれば良い。④納税者との共同作業も税理士の怖さだ。納税者の勘違いであっても「先生からは説明を受けなかった」と言われてしまえばアウトだ。弁護士は訴訟になればAからZまで自分で管理する。⑤経験のない事案でも結論を出さなければ申告書が作れない。弁護士は主張を提出して結論は裁判所に任せるが、税理士は自分で判決を書かなければならない。

⑥常に改正され続ける制度を追いかけなければならない。弁護士が扱うのは明治29年に制定された民法で、判例も昭和年代に既に出尽くしている。⑦資産税、消費税、証券税制、地方税、源泉税などテリトリーが広いのが税理士だが、弁護士が扱うのは訴訟のみだ。⑧職員との分業を必要とするのが税理士なので、自分の能力に限らず、職員の能力まで管理しなければならない。弁護士であれば管理すべきは自分の能力だけだ。⑨税理士は多数の関与先のことを常に考えているのか。弁護士であれば起こされた事件のことに集中できる。関与先の生活の全てが登場するのが決算だが、弁護士は引き受けた事件という一局面の関与に限る。⑩形式ミスでも命取りになるのが各種の届出だが、弁護士は実態を争うので形式ミスは希だ。⑪税理士の場合は、依頼者、税務署、税理士の全員が善意なのが救いだ。だから、日々の仕事ではさほど緊張せずに済む。しかし、ミスが生じたときは全ての責任は税理士だ。弁護士の場合は、依頼者、相手方弁護士、裁判所の全員が悪意で相手のミスを指摘する。常に、緊張を強いられるが、しかし、敗訴しても誰も責任を負わない。

私も税理士試験に合格した税理士の1人だが、税理士業の100%の分野を取り扱わない私（ほかの税理士だって同じだと思うが）には、私の知らない箇所、私の思い込みなど、税理士業務は怖くて仕方がない。

第76 事業承継税制は役立つのか

後継者がいないために中小企業の存続が危ぶまれている。相続税の負担を軽くし、後継者への事業承継を容易にすることが必要だ。それが事業承継税制だが、雇用の確保など、多様な制限があることから利用者は少なかった。

ところが平成30年の税制改正で、適用要件が大幅に緩和されただけではなく、以前には80％までの納税猶予だったのが、相続税の100％について納税猶予という格段に有利な制度になった。従業員の雇用要件も緩和されたので、全ての同族会社が利用を検討すべきが事業承継税制だ。

しかし、事業承継税制が、後継者のいない中小企業に対して本当に機能するのか。そもそも後継者がいない中小企業は、①親父の事業を承継する必要がないほどに息子が立派に自立したか、②承継するほどの価値がない親父の事業のいずれかではなかったのか。

承継するほどの立派な事業であれば、税制で保護するまでもなく、子ども達は喜んで親の事業を承継するはずだ。事業承継税制は後継者が存しない事業の承継には役立たず、税制の有無に関わりなく事業承継する相続人に対する優遇になっただけだ。そして、いま、古い事業を保護しなくても、新しい事業が幾つでも登場している。

相続税の負担が重く、そのために会社を解散せざるを得ない。そのような声が取り上げられることがある。しかし、いま自己株式の取得を認めるのだから、相続税の納税に窮すれば、相続した自己株式を会社に譲渡し、譲渡所得の20％の所得税を納めることで、会社の資金を相続税の納税に充てることが可能だ。

税制の有利さに誘われて事業承継税制を利用することが正しい判断か。これは農地の納税猶予と比較して考えてみたら良いと思う。自分が死ぬまで農地を手放さない決断だ。一生について処分できない農地を抱えて生活する。その決断が正しいのか否か。

それでも昭和年代の土地事情であれば農地の維持も1つの判断だった。しかし、いまの土地事情で一生について土地を固定するのが正しい判断だろうか。納税猶予を利用した都市近郊農家の地価は、この30年間で大きく値下がりした。まして、常に、社会と会話を必要とする事業経営だ。事業承継税制を利用し、息子を農地（会社）に縛り付ける方法が是なのか。その時々に応じて判断できる自由が必要な時代だと思う。

節税を動機として経営判断する。それは間違いだろう。実行すべき経営判断がある場合に、可能な限り有利な節税策を選択する。節税を動機にしてはならない。さて、自分が経営する事業を息子に承継させることが正しい判断か、その場合に事業承継税制を利用して息子の人生を一生について拘束してしまう判断が正しいのか。いま、40年先を判断できる時代ではないと思う。

第77　3つの課税原因

被相続人が加入していた生命保険から年金が支払われるが、年金の現在価値に相続税が課税された上に、毎年の年金の支給額に所得税が課税される。これについて最高裁（平成22年7月6日判決）は二重課税だと判示した。その判決を受けて次の2つの紛争が登場した。

原告は土地を相続（評価額４０２０万円）して相続税を納めた。その後、この土地を４１５０万円で譲渡して所得税を申告した。この処理について譲渡収入金額のうち既に相続税の課税対象となった４０２０万円は、相続等で取得する所得には所得税を課税しない旨を規定する所得税法９条１項15号で非課税になると主張した（東京地裁平成25年7月26日判決）。

原告は破産会社の株式（評価額4億０７６９万円）を相続した。その後、会社から残余財産の分配を受けて、それを配当所得（3億５８１３万円）として所得税の確定申告を行った後に、株式を相続する際に相続税の課税を受けているので配当所得は二重課税になると更正の請求を行った（大阪地裁平成27年4月14日判決）。

さて、これらは二重課税なのだろうか。まず、それを知るためには税法が定める3つの課税原因を理解しなければならない。①インカムゲイン（収入課税）、②キャピタルゲイン（値上がり益課税）、③資産課税

（相続税と贈与税）の3つだ。1つの課税原因について同種の課税が重複して行われることはない。しかし、①と②、①と③のような別種の課税が重複することは不思議ではない。

まず、第1事例の年金訴訟だが、生命保険金は、一時金で支払われる場合も、年金で支払われる場合も本来は所得税が課税されるべき所得だ。生命保険金は第三者のためにする契約（民法537条）に基づき保険会社から直接に受取人に対して支払われる。つまり、①のインカムゲインとしての所得税が本来の課税だが、これを相続税法3条で相続財産に取り込んでいる。その収入に対し、さらに受取り時に所得税を課税したら①と①の二重課税だろう。

次は、第2事例の相続税と譲渡所得課税だ。これは別種の課税原因、つまり、③と②の課税であって二重課税とはいわない。本来であれば、準確定申告で②の課税が行われるべきところ、所得税法60条は取得価額の承継という制度を採用して譲渡時まで②の課税を猶予している。次が第3事例の株式の相続と残余財産の分配についての配当所得課税だ。これは③と①の別種の所得に対する課税だ。

①、②、③の課税は重複して行われることがある。仮に、第3事例について限定承認すれば、準確定申告で②のキャピタルゲイン課税を受け、相続で③の資産課税を受け、さらに、残余財産の分配時に①の配当所得課税を受けてしまう。しかし、それを三重課税とはいわない。

第78　民法相続編の改正

婚外子にも平等の相続権を与える。最高裁平成25年9月4日判決から始まった民法相続編の改正だが、改正事項は的外れを通り越し、改悪としか言いようがない項目が並ぶ。

配偶者居住権という制度を新設したが、誰が利用するのだろう。仲の良い家族であれば配偶者は居宅の土地建物を相続すれば良い。仲の悪い家族であれば配偶者居住権を認める遺産分割は成立しないだろう。そもそも20年、30年と住み続ける居宅について、無償使用という不安定な権利で安心できるだろうか。

遺留分を金銭請求に限ったので、義務者は資金を準備しなければならない。資金を準備するために相続財産を売却すれば譲渡所得課税の対象になる。自宅を第三者に遺贈されてしまっても、従前であれば配偶者は自宅の共有持分を有したが、改正後は金銭請求権しか持たない。

遺留分の請求を10年間に限ったのは進歩だと思うが、しかし、特別受益の計算には贈与の全てが累計され、その評価を相続時点にすることに改正はない。父親に退職金を支払い、株価を下げて、持株を息子に贈与する。その後、息子の経営努力で株式評価額が増額した場合でも、増額分は特別受益に含まれてしまう。なぜ、特別受益や遺留分の計算に贈与時点の評価額を採用しないのか。

そもそも配偶者の相続分を2分の1にして、残りを子ども達の相続分とすることが正しいのか。妻には、婚姻期間中に夫婦で獲得した財産の2分の1を実質持分として財産分与にするというのが離婚訴訟の実務だ。相続時の取り分が2分の1では、妻は、自己の実質持分を取り戻すだけであって、相続分はゼロという理屈になってしまう。

明治31年7月16日に施行された民法は基本構造において時代に遅れている。遺言について伝染病隔離者の遺言（民法977条）、在船者の遺言（同978条）、船舶遭難者の遺言（同979条）などを残す必要があったのか。これらはフランス民法（ナポレオン法典）を翻訳したという歴史的な残滓だと思う。大航海時代、伝染病（ペスト）で国民の多くが死亡した。フランスの第三身分（平民）の大部分は文字が書けない。そのような時代背景から必要になった遺言方法だろう。

相続では親の借金を引き継ぐ単純承認を原則とするのが日本の民法だが、これは江戸時代の文化を承継した結果ではないのか。気付かないうちに親の借金を引き継いでしまったという悲劇を防ぐためには、限定承認を原則にすべきだったと思う。自筆証書遺言について目録をパソコンで作成することを認めたのは進歩だとしても、認知症などが当たり前の時代には、信託に倣い、撤回できない遺言という制度の導入も必要だったと思う。

不出来な民法を上手に使いこなす。

実務家の知恵は改正前にも増して必要になる。

第79 遺言書で書けたら嬉しい

遺言書は、憲法よりも強力な相続における無敵のツールだ。

遺言書に対抗する手段は遺留分しかない。万能の力を持つ遺言書だが、遺言書でも対処できない幾つかの問題がある。①小規模宅地の選択、②会社からの死亡退職金の支給、③自己株式の買い取りの3点だ。

これらを弁護士の知識や公証人の経験に期待することは無理だろう。実利実益が認識できる税理士の知恵で解決しなければならない。

まず、小規模宅地の選択だが、それが複数存在して適用面積を超える場合は、計算明細書への相続人の押印が必要になる。未分割ではないので「3年以内の分割見込書」の提出もできない。申告期限までの10ヶ月という期間内に当事者の合意を整えなければならない。

次が会社からの死亡退職金の支給だ。会社の経営権を承継した者に株主総会での退職金決議を実行してもらわなければならない。役員退職金規定は支給の根拠にはならない。誰に支給するのかも経営権を承継した者の裁量次第だ。配偶者の生活費、あるいは事業承継者以外への相続税の納税資金として死亡退職金の支給を想定していても、それが実行されるか否かは株主の判断次第だ。

そして、自己株式の買い取りだ。相続株式は、相続税の申告期限から3年以内に買い取れば譲渡所得の特例が受けられる。しかし、自己株式を購入するか否かも株主の判断にかかっている。

多くの場合は、それらを実行し、他の相続人の生活が成り立つようにするのが経営権を承継した者の責任だろう。しかし、その心は、父親が生きていた時と、その後では異なってしまうかもしれない。

このような問題について次のような遺言書は如何だろうか。

相続人は次の処理を実行するものとして、これら処理に協力しない相続人に対しては、同人に対する遺贈を撤回する。①配偶者が相続する土地を小規模居住用宅地として選択し、②遺言者の死亡退職金として長女を退職金の受給者とする株主総会決議を実現させ、③次女の相続株式について相続税の申告期限から3年以内に自己株式として買い取る旨の総会決議を実現させる。

公正証書遺言の場合は、これらの必要性について公証人に説明しなければならない。しかし、民法相続編の改正によって自筆証書遺言は格段に利用しやすくなる。目録をパソコンで作成することが可能（民法968条）になり、自筆証書遺言を法務局に預ければ、本人確認（法務局における遺言書の保管等に関する法律5条）と遺言書の形式審査を行い、相続後の検認手続も省略（同法11条）される。これからの遺言書は税理士のアドバイスによって作成される事案が増加するはずだ。そこで税理士の職務範疇である相続税の申告に不備のない遺言書の作成方法を検討してみた。

第80 親父の勘違い

相続や事業承継には親父の勘違いがある。

兄弟仲良く、困った場合は助け合う。そのような勘違いだ。

親父の生存中は、夫婦と子は親父のピラミッドに入っている。その中の1人の子に生活力がなければ親父が援助するのは当然だ。その子を産みだしたのも、育てたのも親であって、子の生活に責任を負うべきは当たり前のことだ。そのことについてほかの子は苦情を言わない。成績が優秀な子がいれば、その子に医学部入学金を出してあげても誰も文句は言わない。1つのピラミッドの中にいる家族なのだから、お互いに助け合うのは当然だ。

しかし、それは親父を頂点としたピラミッドの中にいてこその助け合いだ。子ども達が結婚し、自分達のピラミッドを作る。その場合でも親父のピラミッドは、その上に君臨しているかもしれない。しかし、親父が死んでしまえば、その後に残るのは子ども達のピラミッドだけだ。

生活力のない子がいる。父親にしてみたら、自分が経営していた会社を長男に承継させたのだから、長男は親父の立場に入れ替わり、ほかの兄弟に不足があれば援助すべきと考えるかもしれない。しかし、それは親父のピラミッドが存続しているときに限るだろう。

幾ら仲が良い兄弟でも、それが親から貰った財産だとしても、各々のピラミッドが独立した後には、ピラミッドの中の財産はピラミッドの構成員の利益のためにしか使われない。兄弟の生活の面倒を見る。そんなことは誰も考えていないし、誰も期待せず、誰も期待してはならない。

では、子ども達は両親に対して責任を負うだろうか。

親孝行、仕送り、ご先祖さまに申し訳ない。そのような言葉は既に国語辞書にも登場しない死語だろう。子は自分が作ったピラミッドに責任を追うのに手一杯で、親のピラミッドの面倒を見るゆとりはない。

「銀も金も玉も何せむに　優れる宝　子にしかめやも」と歌われた子ども達。それは子を作り出し、子を育てる義務を負う親だからこそ感じる責任感（愛情）であって、親を作り出したわけではない子ども達に期待するのは無理だ。子は親に対して何の責任も持たないし、責任がないところで愛情を期待することも不可能だ。

もちろん、そうではない家庭もある。しかし、そこまで割り切ってしまえば人生の管理は簡単だ。親父は子がピラミッドを作って自立することに責任を負い、自立できない子がいる場合は、その子の将来について手配し、残りの財産は妻に相続させる。親父が生きているときに存在したピラミッドが承継されるなどと勘違いしてはならない。

第81　離婚と相続争いは遺伝する

なぜ、離婚するのか。離婚の法律関係は弁護士の専門だが、離婚に至る理由はよく分からない。異性関係、酒乱、覚醒剤中毒、異常な性癖など見えやすい理由は別にして、普通の人達が離婚する理由だ。

離婚しなかった女性に、なぜ、離婚しなかったのかと聞いてみた。「愛情はないけれど、情があった」。なるほど、情がある限りは離婚に至らないのだ。では、情とは何か。あえて相手にダメージを与えることまでは希望しないという心だろう。離婚すれば、相手は、子の関係、親戚の関係、友人の関係、勤め先からの評価などの全てについて大きなダメージを受けてしまう。相手にダメージを与えようとまでは思わない。それが情だろう。その情さえもなくなった時に離婚が選択される。

離婚は遺伝する。それが弁護士をしていての思いだ。シングルマザーの貧困の連鎖だろうか。いや、それなりの生活を築いている人達でも母と娘が共に離婚している家庭を見かける。そこで気が付いたのが、その原因は離婚に対する壁の低さではないか。離婚を身近に経験した人達と、そうでない人達の差だ。沖縄は離婚率が高いというニュースも聞く。女性が職を持ち、自立しているからだと説明されているが、それ以上に影響しているのは身近な離婚例ではないか。離婚という選択肢が身近に存在する生活環境だ。

相続争いも遺伝するように思う。子ども達に財産を残すべく他の相続人と争っている。その人達を見ると

「そのような姿を見せていれば、あなたの子ども達も相続で争うようになる」とアドバイスをしたくなる。相続で争ってでも多くの財産を手に入れるのが正しいと、親の後ろ姿で子どもを教育し、争ってでも財産を手に入れるべきだと教えてしまうのだ。

離婚や、相続争いが当然のこととして語られる世相も、これらを殖やしているように思う。円満家庭は事件性がなく、争わない相続にも事件性はない。そのような場面に弁護士が登場することはなく、マスコミネタとしても価値を持たない。100に1つ、あるいは1000に1つの珍しい事例がマスコミに取り上げられ、それが社会の風潮として語られる。相続は争いになると耳元で囁くマスコミや弁護士は分子の1を語るが、私達が語るべきは分母の100であり、1000なのだと思う。

もちろん、親を反面教師として育つ子ども達も多い。絶対に離婚しないという強い意思を持つ子ども達や、相続争いから距離を置くことを心がける子ども達だ。彼ら、彼女らの子が、どちらの教訓を得るのか、それは誰にも分からない。しかし、親が為すべきは円満な夫婦関係の構築と、相続財産に拘らない自立した人生の構築だ。

第82　方程式を解く（その1）

方程式を解く。それが日商簿記1級から始まった私の受験勉強だ。ところが、方程式を記憶することを受験勉強と考える人達がいるようだ。

完全支配要件が存在し、継続保有の意思があれば適格再編が認められ、5年50％超の支配関係があれば青色欠損金と含み損の利用が許される。これを方程式にすれば次の具合だろう。

（完全支配要件＋継続保有の意思＋5年50％超の支配関係）＝適格組織再編

税法には、このような方程式が大量に存在し、組織再編税制に限ったとしても、完全支配要件、支配要件、共同事業要件の3つの方程式がある。しかし、なぜ、完全支配要件、継続保有の意思、5年50％超の支配関係が必要なのか。さらに、その答としての適格組織再編とは何か。その方程式を解こうとは考えないのが方程式を記憶する人達だ。

方程式を記憶したのでは条件が変わってしまえば答は出せない。平成29年度税制改正は、スピンオフ（支配関係を不要とする分割型分割など）を認め、スクイーズアウト（少数株主の排除のための現金交付）を採用したが、なぜ、完全支配が不要なのか、なぜ、現金対価が支払えるのか。彼らは記憶の中に2つの方程式を加えるのだろうか。しかし、方程式を解いてしまえば1つの方程式で全ての再編行為を説明することができる。

税法の全ての分野に方程式は存在する。仮に、消費税法であれば、その難解さの中心を為すのが節税防止という方程式だ。小規模事業者の納税義務免除のために必要になった基準年度制度と、簡易課税制度、そして課税売上と非課税売上という区分だ。これら3つの優遇策を採用しなければ消費税法はシンプルだったが、これら優遇策によって幾つかの方程式が必要になった。基準年度を利用した節税を防止するために必要になった相続、合併、分割の場合の納税義務、資本金1000万円基準、課税事業者選択届、調整対象固定資産（100万円）、課税売上5億円を超えるものが行う特定新規設立法人の納税義務。そして簡易課税制度を採用したために必要になった高額特定資産（1000万円）制度。

幾つかの税法を横断的に読み解く方程式も存在する。借地権の認定課税と、それを避けるための相当地代と無償返還届という制度だ。この方程式を解けば、所得税、法人税、相続税における借地権の知識は矛盾なく位置付けられる。権利金を支払うことなく借地権を設定したら、本当に権利金の認定課税が行われるのか。そのような設問に対する答だ。

多様な要件の中から方程式を見つけ、解法を読み解く。それが税法を学習することであり、その努力が多様な税法についての整合性を発見する道に繋がる。税法を記憶力と考える人達には、税法理論の美しさは永久に理解できない。

第83　方程式を解く（その2）

組織再編税制の方程式を解いてみよう。まず、5年50％超の支配要件の意味だ。これを私達は過去の要件と位置付けている。50％超の支配が5年について続いている場合は、そこで発生した青色欠損金や含み損は、親会社の懐の中で発生したとみなす。では、なぜ、5年超なのか。会計法は、国の債権債務は5年をもって時効消滅し、それを超えて過去を問えないとしている（会計法30条、31条）。つまり、支配を獲得した後に発生した青色欠損金なのか、支配を獲得する前に生じていた青色欠損金なのか。5年を超えた過去については、それを問うことができないのが会計法の制限なのだ。

では、継続保有の意思とは何か。含み損のある資産を所有する場合に、これを分社型分割（適格現物出資）を行うことで二重の含み損が作り出せてしまう。親会社が所有する子会社出資金の含み損と、子会社が簿価承継した資産の含み損だ。これを二重に実現して節税に利用することを防ぐ必要がある。それが子会社出資金について継続保有の意思を要求し、譲渡を制限した理由で、私達は未来の要件と位置付けている。

過去の要件	再編時の要件	未来の要件		
5年50％超	完全支配要件	継続保有の意思	＝	簿価承継

つまり、簿価承継を認めたがために実行されてしまう節税を防止する。逆に言えば、それら要件を満たす場合は簿価承継を認めても弊害はない。つまり、適格組織再編という方程式の答は「簿価承継」なのだ。

平成29年度税制改正で導入されたスクイーズアウトとスピンオフについても方程式を解いてしまおう。なぜ、現金対価による少数株主の追い出し（スクイーズアウト）を認めたのか。それは当たり前のことだ。再編税制は、再編処理の直前に株式を購入して完全支配要件を整えることを認め、再編後に少数株主が株式を売却することを認めていた。そうであるなら再編行為において少数株主への現金対価の支払いを認めても良いだろう。それが、親会社が株式の3分の2以上支配する場合は少数株主への現金対価を認めるというスクイーズアウトだ。

では、なぜ、支配株主のいない会社の分割型分割（スピンオフ）を認めたのか。それは支配関係にない会社には、そもそも過去の要件（5年50％超の支配）を要求する前提が存在せず、分割型分割は未来の要件（二重の含み損）を作り出せない再編行為だからだ。スピンオフの場合は、過去の要件、再編時の要件、未来の要件を問う必要がない。

詳しくは『組織再編税制をあらためて読み解く』（拙著　中央経済社）を読んでいただきたいが、たった2頁で解説してしまえる組織再編税制。方程式を解くことの意味をご理解いただけただろうか。

第84 方程式を解く（その3）

消費税には課税取引の定義があって、それを方程式で表せば次のようになる。そして、この方程式を記憶するのが消費税の学習の第一歩だ。

（国内において＋事業として＋対価を得て＋資産の譲渡&貸し付け&役務の提供）＝課税売上

しかし、方程式を記憶しても意味はない。なぜ、事業経営者が自宅を売却しても消費税は課税されないのか。なぜ、無償の譲渡には消費税を課税しないのか。なぜ、資産の譲渡に「同一性を保持しつつ、他人に移転する」ことを要求するのか。この方程式の解を求めてみよう。

国内における取引のみに消費税を課税する。この理由は自明だ。消費税の負担者は国内消費者に限る。輸出商品に消費税を課税したのでは国際競争力を減じてしまう。しかし、これは付加価値税の本質を説明していない。国内における取引に限る理由は、第12で述べたように付加価値税が城門税だということにある。城門内の取引にしか課税できる根拠がない。

次に、なぜ、事業なのか。個人には、生産主体と、消費主体の両面が存在する。付加価値に課税原因を求めるのは生産主体に限られる。なぜなら付加価値を作り出すのは生産という場面に限られるからだ。そこから次のような事象が登場する。アパート経営者がアパートを売却した場合に限らず、アパート賃貸業を廃業し、自宅に転用した場合も課税売上が認識される。なぜ、譲渡しないのに課税売上が認識されるのか。その解は次だ。生産主体から消費主体に付加価値が移動する際には付加価値に課税する必要がある。

なぜ、対価が必要なのか。消費税の課税の根拠が消費にあるのなら、無償取得した資産であっても、それを消費した場合には消費税の負担を求めるべきだ。これは消費税は消費者が負担するという建前から出現した限界なのだ。その解は次だ。無償の取引では、消費税相当を「支払う」という場面が登場しないので、受給者に消費税を負担させるチャンスがない。付加価値税の本質から導かれる方程式ではない。

なぜ、資産の譲渡には「権利、財産、法律上の地位等を同一性を保持しつつ、他人に移転する」ことを要求するのか（東京地裁平成9年8月8日判決）。借家人が立退料を受け取っても課税売上にはならない。しかし、弁護士が法律相談で提供する役務は消えてしまうのに課税売上だ。その解は次だ。家主への借家の返還によって借家権は混同により自動的に消滅してしまう。混同による消滅を譲渡とは言わない。

理屈で構築された税法には大量の方程式が存在する。

それを見つけて方程式の解を求める。

「なぜ」という設問と、その答だ。それが税法の理解であり、税法の面白さだ。方程式を記憶していても税法の面白さは理解できない。

第85 全てが逆転してしまった

昭和の時代、地価は上昇し、金利は６％を超えて、企業は好成績を誇っていた。しかし、平成の時代、地価は下落し、金利は１％を割り込んで、企業は赤字経営で苦しんでいる。全てが逆転してしまった。

まず、地価の下落が税法に与えた影響だ。仮に、建築資金贈与だが、昭和の時代は、地価が上昇してしまうので、現金を贈与し、子に土地を所有させることが必要だった。いま、地価は下落している。親が資金を提供するのであれば、親名義で居宅を取得した方が遙かに有利だ。土地を購入しただけで評価額は半額になり、建物の固定資産税評価額は建築価額の20％程度でしかない。建築資金贈与などは昭和の時代の思い込みでしかない。

利子率の低下が税法に与えた影響も大きい。仮に、親子の金銭の貸し借りだ。昭和の時代であれば、親から子に資金を提供する場合は相続時精算課税を利用する必要があった。しかし、いま低金利の時代だから、仮に、５０００万円の融資をしても利息は１００万円を下回る。贈与税の基礎控除の範囲内になって無利息でも贈与税を心配する必要がない。

非上場株式の納税猶予制度も利用できる。納税猶予制度を利用し、その後、事業を売却することになった場合は、猶予税額に利息を付して納税しなければならない。しかし、５年を経過すれば、５年分の利息は免除され、利子率も0・7％と低率だ。じっくりと様子を見て、将来はM&Aをする予定という場合であれば、延納などの制度を利用するよりも、納税猶予を利用した方が有利だ。非上場株式の納税猶予制度は事業を承継しない場合にこそ利用すべき手法だ。

好況期に擦り込まれた思い込みを捨てる必要がある。仮に、貸倒損失についての幾つかの通達だ。好景気の時代に、損失を先取りすることを禁止する視点で作られている。そのため、仮に、融資先が破産した場合も、貸倒損失の計上を躊躇し、破産手続の終了を待つという人達がいる。その結果、損失を計上する時機を失ってしまう。いま、融資先が破産したら、即、全額について貸倒損失を計上してしまうのが正しい処理だ。仮に、債務者に弁済能力があると認定された場合でも貸倒引当金に乗り換えることができる（法基通11―2―2）。

現金の退蔵が可能になってしまった影響も大きい。インフレの時代であれば目減りしてしまう現金も、デフレの時代には目減りしない。ゴミの山から現金が発見され、相続税の調査では段ボール箱に入った大量の現金が発見されたことが報道されるが、それは氷山の一角だろう。現金の退蔵による租税回避。それを認めたら租税正義が死んでしまう。

昭和の時代に作られた制度と、昭和の時代に擦り込まれた思い込みで処理してはならない。昭和の時代に作られた税法の矛盾を利用し、平成の時代の発想で対応すべきが実務家の立ち位置だ。

第86 そして誰もいなくなった

昔は良かった。あの映画、あの曲、あの小説。しかし、それは当たり前なのだと思う。どの業界にも、毎年、新しく登場する数百、数千の商品がある。しかし、その中で次の時代に残るのは2つ、あるいは4つにすぎない。毎年、デビューする芸能人の数は数百人だろう。その中の2人、4人しか生き残れない。常に、100人の芸能人が活躍するが、それは今年にデビューした100人ではなく、その多くは過去にデビューして生き残ってきた人達だ。映画、小説、絵画なども、毎年、数百の作品が登場し、1つ、あるいは2つの作品が生き残る。

良い作品は生き残る。しかし、どれが良い作品なのかは登場時には判定できない。これは企業も同様だ。毎年、数千、数万、数十万の事業家が出現し、そして消えていく。昭和の時代、私の周りには、やり手の事業家が大量に活躍した。100億円の土地を購入し、500億円の金銭を融資し、1000億円の借金を抱えていた。相続税対策のために銀座の土地を購入し、オーストラリアにビルを買い、カナダで島を買った人達もいた。しかし、彼らの中で生き残っている人達はいない。いや、バブルの紳士に限らず、着実健全な経営者でも残っている人達は少ない。

世の中には成功した人達が溢れている。これは「昔は良かった」と同じなのだと思う。どの時代でも

１００の事業家が登場し、その中の３人が生き残る。１００年の歴史があれば、それでも生き残る老舗が３００社も登場する。その３００社を見て、事業承継を正しいと論じているが、それは勘違いだろう。

新しく登場した経営者は時代の寵児としてもてはやされ、10年、20年と成長を続ける経営者は優秀な経営者として賞賛される。しかし、彼が30年、40年と生き残り、次の時代に事業を承継させることが可能なのか。さらに、後継者が事業を存続させることが可能なのか。それが可能だった多数の人達を見かけるが、それは「昔は良かった」という現象でしかない。歴史の現実は、それが時代と才能と個性に恵まれたごく一部の経営者が成し遂げた奇跡であることを証明している。

さて、いま活躍している１００人の経営者が、30年後にも立派な事業を経営しているだろうか。それは今年に登場したアイドルに聞いてみれば良いと思う。引退するときは誰も挨拶せずに消えていく。そして誰もいなくなった。それが私がお付き合いした多くの経営者の行く末だった。油断してはならない。

第87 死ぬということ

多様な相談事を聞きながら、また、財産管理の相談を受けながら、必然的に、その人達の死を想定しなければならない場面に遭遇する。死ぬということを積極的に意味付けしなければならない場面だ。

しかし、私は死んだことがない。両親は既に鬼籍に入るが、連れ合いや子ども達を失ったことはない。だから、死について語る資格はないのだと思う。自分の余命が宣告されたときには泣き騒ぐのかもしれない。連れ合いの死については耐えがたい喪失感を味わうのかもしれない。

だが、そこで、あえて断言してしまえば、死は、過大に評価されすぎているように思う。

昭和60年の御巣鷹山の日航機事故以降、既に、33年。国民の3分の1は死んでいるのだ。東日本大震災から7年が経過し、その間に、震災の被害者の数千倍の日本国民が死んでいる。事故、事件がマスコミによって繰り返し報道され、その悲劇が幾重にも増幅される。しかし、人は事故で死ぬこともあり、風邪で死ぬこともある。

病気、事故、自殺など多様な原因で人間は死んでいく。なぜ、死を、特別の事象として考えなければならないのか。死をタブー視し、死を笑うことは不謹慎だと批判される。

5歳の子にとって1年が永遠の未来であり、25歳の女性にとって一生は永遠の未来だ。そして、55歳になって初めて自分の老後が意識できるようになり、65歳になって自分の死を抽象的に意識し、75歳になって、それが具体的なイメージになるのだと思う。そして、終わりがあるからこそ、その日一日の生活が充実してくる。25歳の少年に比較し、65歳の高齢者の1日は遙かに充実したものになっているはずだ。いや、そのような生き方をしなければならない。しかし、その後も30年の人生があったら、それが充実した人生になるのだろうか。

長生きしすぎた不幸を見かけることは多いが、早死にした不幸を見かけることは少ない。偏屈な幼稚園児は見かけないが、素直な高齢者を見かけることも少ない。なぜ、人間は年齢を経て退化するのだろう。腰が痛い、足が痛いと生き続けるのは、現世で犯した罪を償うまで死なせてもらえないことなのかもしれない。「2007年生まれの半数は107歳まで生きる」といわれる時代、一家の主が死ぬと家族が生活に困窮した時代とは異なり、誕生と同様に、死も祝うべき事柄だと思う。

私達の仕事には死のタブーがない。それは語ることだけではなく、自分の人生における死もタブーにしてはならない。いや、逆に、死ねないことを想定した人生設計が必要な時代だ。それに比較すれば、死は敗北ではなく、勝ち逃げなのだから、死は笑う対象でしかない。

第88 経験しないことは語れない

多様な経験をさせてもらえるのが弁護士業だが、それでも経験できない事柄がある。その中で特に気になっているのが次の2つだ。1つが余命宣告を受けたときの心情、もう1つがサラリーマン、特に銀行員という人達の気持ちだ。このことを語っている3冊に出会ったので、それを紹介してみよう。

まず、1冊目は政府税制調査会の会長を務めた石弘光教授の『末期がんでも元気に生きる』（ブックマン社）だ。余命宣告をされたら、どのような心情になるのだろうか。怖れ、おののき、否定し、嘆く。そうではなかったと石教授は語る。「なぜ、このように平然と深刻な事態を夫婦二人とも受け入れられたのか。後からつらつら考えるにいくつかの理由がある」「人生の終盤を迎え、『公私にわたり、やるべきことをやった』という満足感があることも大きい」。「私（プライベート）の領域においては、家内と2人で子ども2人を育て上げ、子ども達はおのおのよき伴侶に恵まれ、いまや社会人として自立している。親としての責任は一応果たした」。

この言葉は、石教授が語ったどの言葉より実感に満ちている。平穏な気持ちで終焉を迎えたければ石教授の経験に学べば良い。

次がサラリーマンの気持ちを語る『僕が18年勤めた会社を辞めた時、後悔した12のこと』（和田一郎著　バジリコ）という一冊だ。「僕はそれまでの人生では、誰かに完全に君臨されその相手に100％従うということを経験したことがなかったのだが、それはそれである種の快感であり面白いものだと知った。とにかく、Aさんを喜ばせたかったし、Aさんに『やるじゃないか』と言われたかった。ただ、その一言がほしいために、気が狂ったように仕事をした」。私の周りには見かけない個性だが、これがサラリーマンの気持ちなのだろう。会社のためでも、所属部署のためでもなく、直属の上司のために働く。これは元銀行員からも聞いた言葉だ。

銀行員の生き方については『失敗しない銀行員の転職』（渡部昭彦著　日本実業出版社）という一冊だ。「そもそも銀行員は『選ばれること』が好きな人種とも言えよう。子どもの時から勉強ができたため、気付いてみれば、少しでもいい大学、少しでもいい会社、少しでも上のポストへという志向がビルトインされている」「選ばれた結果ではなく、選ばれること自体が喜びの源泉になり、そしてそれが目的化」していると語る。全人格的評価をもって選ばれ続ける人生。私には、とても耐えられそうもないが、それが彼らの生き甲斐なのだろう。

多様な書籍が存在し、多様な講演会が開催される。私も執筆者側になり、講師になることがあるが、単なる教科書事例ではなく、実感を執筆し、講演するように心がけている。その視点で紹介した3冊だが、もし、私と同じように「実感」を理解していただけた方がいたら嬉しい。

第89 税理士のための民法

税理士のための民法。そのようなテーマの講演会に呼ばれることが多い。そこで語るのが「弁護士のように民法を学習することは間違い」という視点だ。

仮に、弁護士のように民法を学習しても、ミニ弁護士が登場するだけであって、いつになっても弁護士の後塵を拝する立場から卒業できない。弁護士は法廷で民法を利用するのであって、税理士が法廷に立つことはない。多くの場合、弁護士は、法廷では事実を争うのであって、民法そのものを議論することはない。

そして、弁護士の民法は喧嘩のツールなのだ。配偶者の相続分が2分の1であれば、必ず2分の1は確保するという喧嘩のツールになり、逆に、相手方の立場に立てば2分の1以上を渡す必要がないという喧嘩のツールとして利用する。

しかし、税理士が利用する民法は喧嘩の場面ではない。仮に、相続であれば、全員が納得する分割であり、一番に税負担が少ない相続だ。では、税理士は民法をどのように学ぶべきか。

妻の法定相続分は2分の1で、子ども達は残りを均等に分割する。そのような定めに正義があるだろうか、理屈が存在するだろうか。なぜ、妻の相続分は3分の2ではないのか。2分の1という数字に正義があるのか、理屈があるのか。民法は、ただ決めただけの法律なのだ。そして民法の正義は、その決まりを守ることにのみ存在する。

それに比較し、税法は、全て正義と理屈で構築されている。超過累進税率、給与所得控除、退職所得の計算など、税法の言葉は全てが正義と理屈で作られている。所得の限界効用に応じて、高額所得者には高い所得税率を適用し、税収を公共投資に回して有効需要を作り出すと共に、資金を社会に還元する。超過累進税率は税法的な正義の実現だ。

正義と理屈の世界に住む税理士が、ただの決まり事の民法を学習し、ミニ弁護士を目指す必要はない。もし、民法が正義で、弁護士が正義を実現する者だったら、医者になって自立した長男、医学部を目指したが挫折し引き籠もりになった次男、結婚できなかった長女。そのような3名が登場する相続についてのアドバイスは、現実に行われている内容とは違ったものになるはずだ。

民法にも正義は存在する。民法906条は「遺産の分割は、遺産に属する物又は権利の種類及び性質、各相続人の年齢、職業、心身の状態及び生活の状況その他一切の事情を考慮してこれをする」と定める。自立した長男には譲歩してもらい、次男と長女の生活が成り立つように遺産を分割する。

そのようなアドバイスを弁護士に期待することは不可能だが、税理士なら可能だろう。妻の相続分は2分の1、子ども達は残りを均等。そのような決まり事を超えた正義があることを理解するためには、弁護士とは異なる立場で民法を学習する必要があるのだ。

第90 税理士事務所を経営するリスク

弁護士業の経験から、税理士事務所の経営に関するリスクを10個拾い上げてほしい。後継者への伝言にする。そのような質問を受けることは楽しい。

①税理士賠償責任保険のリスク。仕事上のミスは、ほとんどが賠償保険でカバーされる。税理士賠償責任保険に加入しないことが最大のリスクだ。補償額は最高額にしておくことが必要だ。②脱税を手伝わされてしまうリスク。職員に自由裁量を任せる仕事なので、職員が顧問先に強く思い入れをしてしまうリスクがある。故意の仮装隠蔽は賠償保険の対象外だ。

③役に立ちすぎるリスク。専門家は役立ちたいという欲求と、同業者に対して知識を競う傾向がある。参考書で学んだ知識を実感も持たずに振り回すのは危険だ。④特殊案件のリスク。納税猶予、40条申請、組織再編税制など、数億円のリスクを生じさせた事案が私の事務所を通り過ぎる。理屈のない税制は危険だ。

⑤提出期限のリスク。税法分野には提出期限のミスが多い。2週間以内、3ヶ月以内などと考えずに、今日、提出してしまうことだ。書類の不備は後に追完すれば良い。⑥投資物件への関与のリスク。節税物件や賃貸物件への投資で依頼者を破綻させてしまった税理士は多い。責任を問われて海外に移住してしまった税理士もいる。儲かる投資は、損をする投資と背中合わせだ。

⑦過大申告のリスク。税理士は手堅い申告を心がける傾向があるが、過大申告も危険だ。見直し税理士が登場する。過少申告のリスクに比較し、過大申告のリスクは本税だ。⑧税理士が交代した場合のリスク。後任の税理士が、前任者のミスを見つけて自分の存在感を示す。それが税理士業界の悪弊であって、税理士が交代した後には、ほかの税理士に審査されると考えた方が良い。税理士が交代したときこそ謙虚に後任の税理士に協力することがリスク回避だ。

⑨小さな金額と大きな金額を区別する。10万円、100万円のミスを過度に注意すると、1000万円、1億円単位のミスとの区別が付かなくなる。質だけではなく、常に、量でリスクを把握する発想を育てることが必要だ。⑩税務訴訟のリスク。現場で意地になると税務訴訟に発展してしまう。しかし、税務訴訟の実質勝訴率は5%を割り込む。和解がないので、裁判も長期化してしまう。納税者が勝訴した事例を紹介する税務雑誌があるが、納税者の勝訴が珍しいからこそ報道されるのだ。

20年後、30年後に、いまの税理士業界が存在するのか。後継者への事業承継であれば30年後の変化まで見通す必要がある。社会の変化や、多様なリスクに備えて予備プランを構築しておくべきが人生だ。しかし、小さなミスへの予備プランは構築できても、社会の変化に対する予備プランの構築は難しい。

第91　1頁で説明するアインシュタインの相対性理論

1頁で説明するアインシュタインの相対性理論。

これに挑戦してみよう。

時速100キロで走っている電車を想像する。そして最後尾にいる車掌が列車の進行方向に向けてピストルを乱射した。1つの銃弾はまっすぐに運転席に向かって飛んでいき、1秒後に運転手の命を奪う。もう1つの銃弾は窓から飛び出し、電車と並行に前方に飛んでいき、1秒後には、牧場で草を食べていた牛に当たり、牛を殺した。

運転手に向かった弾は、銃器メーカーが保証した秒速200メートルのスピードで運転手に当たったが、牛に当たった弾は秒速227メートル。なぜなら、牛に当たった弾は、銃器から発射したスピードに電車のスピード（秒速27メートル）が加算されているからだ。

アインシュタインより以前の社会では、光についても、同様の加法定理が成立すると考えられていた。つまり、地球に届く光のスピードは、恒星（遠くの太陽）と地球とのスピードが加算され、あるいは減算された速度で地球に到着するという理屈だ。

ところが、地球に届く光のスピードは、どの恒星から出発したものも同じ秒速30万キロメートルだった。

この矛盾の解決に学者は悩み、当時の学者は宇宙はエーテルという物質で満たされ、エーテルの中では光のスピードは均一（秒速30万キロメートル）になると唱えた。しかし、そのような学説に異を唱えたのがアインシュタインだ。

それまでの常識では、距離、重力、時間は一定不変のものと理解されていた。そして、光速が変化するという理解だった。しかし、アインシュタインは、光速は変化せず、常に、秒速30万キロメートルであって、電車の長さ、時間などが「場」によって変化すると唱えた。つまり、どこの場所で見ても光速は秒速30万キロメートルだ。では、牛に当たった秒速227メートルの弾丸はどのように説明されるのか。そのカギは時間にある。

牛の住む世界では、列車の中に比較して時間が早く進行する。したがって、弾丸が227メートルを進む間に時計の秒針は1・14秒が経過する。つまり、牛の首にぶら下げた時計で計測すると、弾丸は、電車内と同じに、秒速200メートルで飛んでいることになるわけだ。

距離、重力、時間、そして光のスピード。ニュートン力学は前の3つを不変のものとしたが、アインシュタインは、その3者を伸び縮みする数字として、光速を不変の数字とした。重力によって時間は遅くなるので、光は、重力によって屈折する。いま、地球上を飛んでいてGPSの基準になる人工衛星。地上と異なる場で活動しているために地上とは異なる時間の世界に存在する。

宇宙と科学は子どもの頃からの私の夢だった。

今回は、戯れ言として相対性理論を1頁で説明することに挑戦してみた。

第92 足りれば足りるほど欲深くなる

「過労死は世界で最も裕福な国の一つで起きています。これは『成長がなければ良い人間ではない』『成長がなければ良い経済ではない』というおかしな考えに起因しています。その考えは間違っています。経済ではなく、他の分野で成長すれば良いのです。芸術、友情、精神面などでね。人類が成長すべき分野は他にたくさんあります。豊かになればなるほど、仕事もどんどん増えるとすれば、とても残念なことです」

チェコ大統領の経済アドバイザーを務めたトーマス・セドラチェク氏の『欲望の資本主義』（東洋経済新報社）の中の一文だ。しかし、成長を求めて働く人達が過労死するだろうか。私の周りには夢中になって働いている人達が大量に存在するが、彼らには過労死など無縁の存在だ。

過労死といわれるものの大部分は、旧日本陸軍型の組織を承継した日本株式会社のパワハラ体質が原因だと思う。スルガ銀行の第三者委員会が公表した調査報告書にも多数のパワハラが紹介されていた。自分の自由意思で働く人達には過労死など無縁だ。しかし、私達も「成長がなければ良い経済ではない」という思いに囚われているのは事実だ。

限度を知る。それが正しい生き方だと思うが、なぜ、私達は経済的な成長を求め続けてしまうのだろう。良い生活がしたいという絶対的な欲なのか。他人より大きな事業を経営し、多くの財産を持ちたいという競争的な欲なのか。より良い生活は、より強い安全を求める生存的な欲なのか。野生動物の縄張り意識から継続する本能的な欲なのか。名誉欲と同様に満ち足りるということがない貪欲なのか。力をもって他者の優位に立ちたいという支配欲なのか。勤勉という宗教なのか。

しかし、欲は金銭や財産には限らず、名誉、地位、権力などの経済的な成長を否定しては人生は成り立たない。趣味、交遊、娯楽に人生の目標を入れ換えてしまった人達よりも、経済的な成長を努力する人達の方が遙かに魅力的だ。

何かを成し遂げた人達は語るべきモノを持つ。

その原動力は成長、拡大、名誉、財産などの欲だろう。

ただ、トーマス・セドラチェク氏が指摘するように、成長すべき目標は1つではないのだから、優先順位を設けるとしたら、私なら金銭や財産に優先して、常に知識を求める少年でありたいと思う。誰でもが、自分が求める欲を実現するために努力する。しかし、全ての分野における成果を求めることは不可能なのだから、一度、自分が求める欲を棚卸しして、それが何なのかを理解したら、無駄に人生を競うことがなくなり、人生はシンプルになると思う。

第93 もっとも効率的な投資

昭和の時代のもっとも効率的な投資は不動産賃貸業だった。賃料収入、地価と賃料の値上がり、定率法の減価償却による所得税の節税効果のトリプルインカムで、相続税の節税効果までトッピングされていた。賃貸物件を所有する地主が、大銀行の頭取よりも高額な所得を得ていた。

私の人生におけるもっとも効率的な投資は国家試験だ。わずか数年の投資で、その後の一生は言いたい放題の生活だった。なぜ、リスクなく学べる大学の4年間をコンビニのアルバイトで過ごしてしまう人達がいるのか不思議だ。

そして、いま、私にとってのもっとも効率的な投資はｔａｘＭＬというメーリングリストだ。疑問や不明点があれば、ただ独り言のように発言しておけば良い。ほかのメンバーの実務の疑問から学べるところも大きい。１人の知識が１００人の知識になり、１００人の知識が１人の知識になる。もっとも効率的な投資は友に成長してもらうことだ。ネット社会だからこそ実現できた効率的な投資法で、昭和の時代のように自分で調べていたら死ぬほど辛い。

あの時代、疑問があれば、何冊もの質疑応答集を積み上げて目次から該当しそうな項目を探した。必要とする通達を見つけるのも手間だった。税法雑誌や判例雑誌の索引号は手放せない貴重な情報源だった。それでも解消できない疑問は勉強好きな同業者に電話をして質問する。

いま、それがｔａｘＭＬへの発言で、その日、いや、1時間内に回答が得られてしまう。善意で成り立つｔａｘＭＬは無報酬のシステムだ。

「コミュニティをより楽しい場所、盛り上がる場所にするためには、そこで仕事をしている人がいないほうがいい。来たいから来た人、やりたいからやる人だけを集めることで、そこが魅力的な場所になる。もしも原稿料を払ったら、生活のためにやってきた人が集まってしまう可能性がある。原稿料を払わないというのは、自発的な参加を生み出すためのすごくいい仕組みの1つだったのだ。自発的な参加こそが、それぞれの居場所としてのコミュニティにつながる」（『ほぼ日』から学んだ『自発的な参加』を生み出すしくみ　佐渡島庸平氏のブログからの引用）

そしてｔａｘＭＬはＡＩであり、ディープラーニングでもある。税理士試験に合格した優秀な知能をネットで接続し、議論し、疑問点を掘り下げて、誰もが考えていなかった理屈を解明するという集合知の存在だ。平成11年1月5日に開始して20年間について1日に100前後の発言が途切れることがなく続いたｔａｘＭＬというシステム。私の発言する知識の、ほぼ100％は、このシステムで学んだ知識だ。

ｔａｘＭＬという文化。参加して、その楽しさを味わっていただけたら嬉しい。

第94 財政学、経済学、税法学の視点

「消費税は所得税・法人税といった他の税目や、社会保障の財源である社会保険料に比べて経済活動に及ぼすゆがみは小さい」「企業の設備投資も即控除扱いのため阻害しない」「日本の消費税は海外市場で競争する国内の輸出企業に影響しない。他方、海外からの輸入品にも消費税が課されるため、競合する国内の課税企業は競争上不利にならない」

日本経済新聞（平成30年9月25日）の「経済教室」に掲載された財政学者の意見だ。消費税こそが優れた税制だと論じている。財政学は、国庫の金庫番なので、財政学者の視点は、租税を税収として捉える面が強いように思う。これが経済学者なら違うことを言うはずだ。

需要こそが経済の原動力だが、消費税は、その需要を直接に減じる。仮に、国内に1兆円の購買力があるとすれば、10％の消費税は、その購買力を９０９０億円に減じてしまう。輸出競争力も重要だが、しかし、国際化の時代であっても、生産された商品の大部分は国内市場に提供されている。国内での売上を減じてしまうのが消費税の増税だ。

それに比較し、低所得者からは少なく、高額所得者から大きく税金を徴収する超過累進税率は、高額所得者によって預金されてしまう資金を税収として確保し、多様な名目の財政支出で市場に回し、最終的には給

与として購買力に回る。昭和の時代に比較し、貧困格差が目立つようになってきたが、それは超過累進税率の切り下げが原因だろう。地方税を含めて80％を超えていた所得税の超過累進税率は、いま上限が55％になっている。

さて、税法学者であれば何と主張するだろう。しかし、税法学者の声は聞こえてこない。さらに、税理士業界からの声も聞こえてこない。目の前の納税者を相手にする税理士業界では、日本の経済よりも、目の前の納税者の権利の方が重要なのかもしれない。しかし、税法は民主主義の基本であり、その国の政治と経済を作る基本でもある。

財政学的にいえば、国税4法に限らず、現実の税収確保に役立つ税法の全てが正しい税法だろう。そして、国の財政を司る官僚、政治家の視点も、自ずから財政学的な視点になってくる。

しかし、国家の金庫番という視点だけではなく、経済学や税法学からの別の視点での議論も必要だと思う。思い付くだけでも登録免許税、不動産取得税、印紙税などに正義があるのか。取引のコストを重くして、経済の流動化を阻害する税法であって、国家の利権という以外の位置付けは難しい。信託銀行を利用し、電子取引を利用して、これらを免れる者も多い。財政学的な既得権益の上に成り立っている税法が正義を取り戻してくれたら嬉しい。

第95 ハンドルを切るタイミング

ハンドルを切るタイミングは人様々だ。

私はハンドルを切るタイミングが早い方だ。

いや、ドライブではなく、人生のハンドルの切り方だ。

結果が出て、嫌な思いをしてからではなく、その前にハンドルを切ってしまう。だからチャンスを逃すことも多い。しかし、結果が出てからも、嫌な思いを溜め込んでも、それでもハンドルを切らない人達がいる。サラリーマンや公務員はハンドルが切れない人達の典型だろう。

私は、商業高校を卒業し、税理士事務所に勤めたが1年と持たなかった。税理士試験受験生という自意識の下に生きている先輩諸氏を見たら、この人達とは同じ人生を歩けない。大学に進学して会計士2次試験に合格し、大学3年時には監査法人でアルバイトをしていたが、監査業務の単調さが見えてしまった。司法試験に挑戦し、司法研修所を経て、その当時は大手といわれた弁護士事務所に勤めたが、そこも長続きしなかった。それこそ1年に一度はハンドルを切ってきたのだから、雇う方にしたら迷惑な存在だったと思う。それら勤め先の同僚は、その後、5年、10年と、しっかりと勤めを続けている。

ハンドルを切るのが早いのは勤め先だけではなく、日々の判断でのハンドルの切り方にも現れる生活感の違いだ。私は、いつも、ハンドルを小刻みに切っている。無駄な努力をして、嫌な思いをするよりも、自分の予知能力を信じた方が良い。ハンドルを切り続けるのは、ただ、蛇行運転だろうか、行き当たりばったりの人生だろうか。それは違うと思う。真っ直ぐな道を走るためには常にハンドルを切り続けなければならない。そして、より効率的に生きようと思ったら、結果を待つことなく、ハンドルを正しい方向に切らなければならない。

私の周りにいる事業経営者も、常に、ハンドルを切り続けているように思う。ハンドルを切らなくなるのは、それなりの基礎を築いて事業が安定した場合と、ハンドルを切る余地が無くなった衰退産業に入り込んだ場合のいずれかだろう。いや、常に、ハンドルを切るのが一歩遅れてしまう経営者もいる。

ハンドルを切る人生と真反対の生き方をするのがサラリーマンや公務員という人達だ。新卒一括採用で勤めた会社に定年退職まで勤める。人生において一度もハンドルを操作することがない人達だ。いや、彼らもハンドルを切り続けているのだろう。ただ、それは顧客に向けてのハンドルではなく、後ろにいる上司に向けてのハンドルだ。狭い会社という道路で上司と組織に向けてハンドルを切り続ける。

そのような日々のハンドル操作が自分自身と人生を作り上げる。多様な人達の人生、いや、自分の人生を省みるときに、ハンドルの切り方が早い方か否か。その視点で自分を分析してみたら、もしかしたら自分が再発見できるかもしれない。

第96 狸、立ち入るべからず

隣地に、狸の夫婦と、ハクビシンが出没し、飼い犬が夜中に反応し吠えるので困った。

その際は、ネットで調べ、煙を嫌がるというので夜通しで蚊取り線香を燃やし、石油の匂いを嫌がるというので石油を撒き、さらにオオカミの小便をネットで購入して出没場所に撒いてみた。しかし、これら対策は「狸、立ち入るべからず」という看板を掲げたのと同じで、全く効果はなかった。

そこで思ったのは、公務員の仕事は、「狸、立ち入るべからず」という看板を立てるのと同じなのだと。幼い子ども達が家庭内暴力で命をなくす。なぜ、子ども達の傷跡を発見しながら保護できなかったのか。それは「狸、立ち入るべからず」という看板と同様に、手続に則り「仕事をやりました」というアリバイを作るのが公務員の仕事であって、相手の立場になって解決策を検討するという発想も権限も存在しないし、個人的な関心事で行動を起こせるわけでもない。それは決して悪意でも怠慢でもない。

最近、それを感じた経験があった。旅行先で、連れていた子が駅のトイレにリュックサックを忘れてしまった。慌てて取りに戻ったら遺失物係に届出があって、さすが日本と思ったのだが、身分証明書がないと引き渡せないという。旅先に身分証明証は携帯しないので、結局、自宅の近くの駅で身分を証明し、宅配便で送ってもらうことになったが、旅行中は不便することが大きかった。

確かに、身分を確認せずに遺失物を引き渡すことはできないだろう。それは悪意でも怠慢でもない。しかし、紛失して20分後のことで、それが子どものリュックサックでも引き渡してもらえない。ＪＲの職員は、公務員ではないが、しかし、公務員なんて、そんなモノだと思ってしまえば、期待もしないし、腹も立たない。

公務員の仕事はマニュアルに従って行動するＡＩと同じなのだと思う。最近は、窓口の対応が良くなったが、親切さえもマニュアルに書き込まれる。そこで自己判断するディープラーニング型の学習は禁止される。創意工夫、その場の状況に合わせての対応、相手に対する思いやりなどとは無縁の世界だ。

私達の生活では、常に、創意工夫、その場に合わせての対応、相手に対する思いやりが要求される。その工夫こそが仕事であり、利益の源泉であって、社会生活の基本だ。与えられた命題に対して「狸、立ち入るべからず」という看板を掲げて満足していたのでは生活は成り立たない。

さて、狸に反応して吠え続ける飼い犬の運命はどうなったのか。住宅地では夜中に吠え続ける犬は飼えない。里子に出すことも考えたが、その決断もできない。ドッグトレーナーに相談し、解決策を得ることができた。夜間は小さなケージに入れておけば犬は安心すると。何事も創意工夫が社会生活の基本だ。あのドッグトレーナーへの感謝は忘れない。

第97　嘘から始まった税法

食料品については8%。この適用範囲について議論百出だ。マクドナルドでハンバーガーを買う場合は持ち帰りと答えて購入すべきだろう。しかし、子どもにも嘘をつかせる税法が正しいのか。

外食は10%で、食料品は8%に留める。その趣旨は外食は贅沢という理解だろうか。しかし、トイレットペーパーの購入を贅沢とは言わないだろう。アパートの家賃は非課税なのだから、その理論を通すのなら衣食住は非課税でも良いのではないのか。

家賃を非課税とすることで国の税収は減っているだろうか。それは否だ。家主の仕入（賃貸物件の建築）には消費税が課税され、それを借家人に転嫁できないだけだ。その理屈を適用すれば、全ての商品の消費税を非課税にしても国の税収は減らないはずだ。全ての商品を、家賃方式にしてしまう。そうすれば消費税は付加価値に課税する第2事業税としてシンプルになると思う。

事業者は、第2事業税相当額を、勝手に、売値にオンすれば良い。仕入に上乗せされる消費税相当額と、付加価値を課税標準として事業者に課税される消費税を加えたものが事業者のコストなのだから、それを商品価額に転嫁するのは当然だ。貸家の場合でも、エクセルの収支計算では、建築費に課税された消費税込みで家賃を計算している。それでも政府は「家賃は非課税」と宣伝できる。そうであるなら、全ての商品について「消費税は非課税」と宣言してしまえば良い。つまり、消費税は、商品代金の問題であって、消費者への転嫁の問題ではないという理屈だ。

なぜ、消費税は、消費者が負担するという前提が成立してしまったのか。法律のどこを探しても、消費税を消費者に負担させる根拠は見つけられない。消費税の導入時の法律相談で次のような事案があった。百貨店のレストランで食事をしても消費税分を支払わない顧客がいる。その人達に訴訟を起こしてほしいという百貨店からの依頼だった。確信的な行動なのだから、訴訟を起こしたら、政府に代わって、百貨店が悪者にされてしまう。そもそも消費税を顧客に転嫁する法律的な保証は存在しない。「パスタ１０００円、ほかに消費税30円」とメニューに記載するのではなく、「パスタ１０３０円（うち30円は消費税）」とメニューに記載すべきが消費税の作りなのだと。

消費税は、事業者ではなく、消費者が負担する。その嘘が、世の中を難しくしてしまっている。複数税率の導入で、さらに、世の中は複雑になっていく。消費税は事業者が負担し、その課税標準は付加価値。そのような法の作りなのだから、それを宣言し、顧客への転嫁は、単なる値付けの問題と宣言してしまえば、国民を巻き込んだ消費税論争は解消してしまうと思う。

第98 事務職が消えてしまった

大学生の就職戦線。私には無縁の存在だが、経験者に聞くと、多くは営業職であって、事務職は少ない。確かに、経理職員を筆頭にする事務職員は激減し、多様な事務作業はコンピュータ化してしまった。わずかに残った事務職は、派遣社員、あるいは短期雇用社員の担当になってしまい、正社員は割り当てられない。働く人達の職域は、営業職と、飲食店・物販店の店員と宅配便の運転手などの実働従業員、それに企画職・研究職に限られてしまったような気がする。いや、私は、サラリーマンの世界を知らない。しかし、私の事務所を考えてみても事務作業や秘書業務は極単に少なくなってしまった。

昭和の時代、職員は、それなりに忙しく働いていた。来客、電話への対応、日程管理。その結果として必要になる関係書類や連絡文書の作成。多様な媒体に提出する原稿の整理と郵送、郵便局に出掛けての書留郵便の手続。銀行での送金と入出金の処理や、日々、量産される書類の整理、書籍や文房具の購入、経理業務などだった。

しかし、いま、打合せも、連絡も、伝言も、書類の送付さえもメール添付で終わってしまい、職員の手を煩わせることがない。事務用品はアスクル、書籍はAmazon、新幹線のチケットはネット予約で完了し、銀行預金の収支もネットを通じて会計ソフトに取り込めてしまう。昭和の時代に比較し、仕事のスピードは3

倍になったが、郵便の利用、外出の必要性、来客、電話、ＦＡＸの利用は3分の1に減少してしまった。

ボスが仕事をして、職員が多様なバックヤード業務を行う。そのような事務所の形が壊れつつあるのだ。

さて、税理士事務所は如何だろうか。多様な事務所が存在し、多様な事務処理の方法が採用されているだろう。しかし、税務署に貰いに行っていた別表の入手が不要になったのは随分と昔の話だが、さらに銀行預金がネットを通じて会計ソフトに取り込め、電子申告によって税務署への申告書の持ち込みも不要になった。ドロップボックスを利用し、データを共有すれば職員にもテレワークを採用することも可能だ。税理士自身もチャットワークやリモートデスクトップを利用し、関与先のパソコンに直接にログインし、関与先の経理担当者とネットを通じて会話をしながらの処理が可能になった。さらに、2年後、3年後にはゴーグルを用いた仮想現実（ＶＲ）を利用し、テレワークする職員や、関与先とも対面しているような雰囲気での会話が可能になるのだろう。それは格段に便利であると同時に、職員に働いてもらっていた事務所の形の終焉でもある。

さて、そのような時代に、常に、職員が働いてくれていた税理士事務所は、どのような形になるのか。

いや、その時代にも、時代に遅れたローカルな事務所として生き残る道も存在すると思う。

第99 予備プラン

ジェフリー・アーチャーの傑作である『ロスノフスキ家の娘』（新潮社）に次のようなやり取りが登場する。後に女性初の米国大統領になるフロレンティナと家庭教師のミス・トレッドゴールドとのやり取りだ。「そのときになってみないとわからないわ。でもだめだったら予備プランを立ててあるから安心なさい」「予備プランてなんのこと？」「計画したことが全部だめになったときに必要になるもののことよ」と、ミス・トレッドゴールドは説明した。

人生には、どのような場面にも予備プランが必要なのだと思う。多様な税務判断をする場合には、絶対確実な基準に従う場合以外は、それが否認された場合の予備プランが必要だ。仮に、取引相場のない株式を相続する場合なら勇気のある株価評価が可能だが、これが贈与の場合に否認されたら大変なことになる。その場合の予備プランが相続時精算課税だ。

勇気のある相続税を申告する場合なら書面添付が予備プランとして利用できるかもしれない。事前の意見聴取の段階での修正申告書の提出なら加算税は課税されない。財産債務調書の提出も予備プランとして利用できる場合がある。財産債務調書に賃貸物件の記載があれば不動産所得の加算税は減免される。

身内間の取引に交換特例が適用されるだろうか。その予備プランは精算条項と解除条件だ。等価であることに欠ける場合は一方の交換面積を減じて等価であることを確保し、それでも交換特例に欠ける場合は契約を解除してしまうという特約だ。課税処分をされたら条件を変更し、あるいは解除することができる。交換契約に限らず、解除条項は、身内間の契約の予備プランとして利用できるはずだ。

予備プランが必要なのは仕事上の判断に限らない。私自身の人生の多くは予備プランの構築だった。弁護士など死んでしまえば終わり、大病をしてしまえば終わり。妻と子ども達は貧困生活に落ち込んでしまう。その予備プランが賃貸物件の購入だった。弁護士業の稼ぎで頭金を支払い、残金は家賃から返済する。いや、生命保険金から返済するのが予備プランだ。

目標に向けた基本プランの構築は簡単だ。しかし、それが頓挫した場合の予備プランの構築は容易ではない。だからこそ上手な予備プランを考えることが実務家のセンスだ。少なくとも1つ、可能なら2つ、3つの予備プランを重ねて構築する。税理士業の最終的な予備プランなら税理士職業賠償責任保険への加入だ。勇気ある処理をする場合に、いや当たり前の処理をする場合にも「これは税理士職業賠償責任保険の対象だろうか」という判断が予備プランの実践だ。

その仕事、その判断、その生活には幾つの予備プランが構築できるか。

何層にも重ねた予備プランこそが人生の豊かさなのだと思う。

第100　ネットの情報は全て嘘

昔、紙上法律相談を担当したことがあった。毎月、1つの法律相談の原稿を書き上げる。おそらく、第三者的に見たら、常に、法律相談に取り囲まれている弁護士なら、その中の1つを取り上げて文章化するのは容易なことと思うだろう。しかし、それが違うのだ。

一般性があり、制限内の文字数で説明できて、理解可能で、新規性があり、意外性があって、文章を転がすための起承転結がある。そのような事案が持ち込まれることはほとんど期待できない。実際の法律相談は答は1つで説明は3行で終わってしまう。架空の事案で成り立つのが紙上法律相談なのだ。

業界紙などに多様な税務相談が紹介されるが、あれも同様の制作過程だろう。つまり、書くべき理屈が先にあり、それが起承転結としてまとめられるテーマの場合に、その後に、設問という「架空の事案」が想定される。

ネットには、法律相談、人生相談、エピソードなど多様な情報が登場する。それらのほとんど、いや、その全てが架空の事案なのだと思う。事実を上手に作り替えた架空の事案もあり、全く事実が存在しない嘘もある。閲覧者を増やすために上手に作り上げられた嘘。それが閲覧サイトの見出し頁だ。私が書いた法律相談と同様に「一般性があり、制限内の文字数で説明できて、理解可能で、新規性があり、意外性があって、文章を転がすための起承転結がある」という具合に「もっともらしい架空の事案」が作り出される。

ネット時代以前から社会は嘘で溢れていた。その代表が「猫を電子レンジで乾かしてしまった」という事件だ。電子レンジの取扱説明書に「動物を入れてはならない」という注意書きがなかったことを過失としてメーカーを訴え、裁判所は原告の請求を認めた。しかし、これは全くの嘘で、米国の訴訟社会を語る都市伝説にすぎないそうだ。いや、これを都市伝説とする解説が嘘なのかもしれない。

情報に価値がある時代という風潮に踊らされて、常に、スマホを手にしてニュースを追いかける。目を引く見出しをクリックし、時代と情報を追いかけた気分になる。しかし、そのような生活を1年について続けたら、人生の指針が手に入るだろうか、生き方が上手になるだろうか、そもそも物知りになれるだろうか。もっともらしく語るテレビのコメンテーターの意見を聞いている人達と同様に、もっともらしい嘘を読まされているだけではないのか。

ネットの情報で物知りになった気分を味わう時間があるのなら、その時間に小説を手に取ろうではないか。小説という嘘の中には人生のヒントになる真実がある。そして、ネットの嘘を見抜く知恵を育ててくれると思う。

《著者紹介》

関根　稔（せきね　みのる）

昭和45年　公認会計士二次試験合格
昭和45年　税理士試験合格
昭和47年　東京経済大学卒業
昭和47年　司法試験合格
昭和49年　公認会計士三次試験合格
昭和50年　司法研修所を経て弁護士登録
平成２年　東京弁護士会税務特別委員会委員長
平成４年　日弁連弁護士税制委員会委員長
税務大学校や青山学院大学大学院講師を歴任

taxMLというメーリングリストを開設し、20年間について、1日に60件から100件のメールをやり取りし、税法と税法関連業務の情報を交換し、多数の税理士事務所からも税務相談を受けるなど、税法の実務の情報が大量に集まる法律事務所を経営している。

著書に『税理士のための百箇条』『続・税理士のための百箇条』財経詳報社、『組織再編税制をあらためて読み解く』共著・中央経済社、『相続法改正対応　税理士のための相続をめぐる民法と税法の理解』共著・ぎょうせいなど。

続々 税理士のための百箇条―実務と判断の指針―

平成30年１月31日　初版発行

著　者　関　根　　稔
発行者　宮　本　弘　明

発行所　株式会社　財経詳報社

〒103-0013　東京都中央区日本橋人形町1-7-10
電　話　03（3661）5266(代)
ＦＡＸ　03（3661）5268
http://www.zaik.jp
振替口座　00170-8-26500

落丁・乱丁はお取り替えいたします。　印刷・製本　平河工業社

ISBN　978-4-88177-457-1